SALÁRIO, PREÇO E LUCRO

O livro é a porta que se abre para a realização do homem.

Jair Lot Vieira

KARL MARX

SALÁRIO, PREÇO E LUCRO

Tradução
EDUARDO SALÓ

Introdução, por Edmilson Costa:
ELEMENTOS PARA A TEORIA DA MAIS-VALIA

Copyright da tradução e desta edição © 2020 by Edipro Edições Profissionais Ltda.

Título original: *Value, Price and Profit*. Publicado pela primeira vez em folheto à parte em Londres, em 1898, com base no informe pronunciado por Marx nos dias 20 e 27 de junho de 1865, nas sessões do Conselho Geral da Associação Internacional dos Trabalhadores.

Todos os direitos reservados. Nenhuma parte deste livro poderá ser reproduzida ou transmitida de qualquer forma ou por quaisquer meios, eletrônicos ou mecânicos, incluindo fotocópia, gravação ou qualquer sistema de armazenamento e recuperação de informações, sem permissão por escrito do editor.

Grafia conforme o novo Acordo Ortográfico da Língua Portuguesa.

2ª edição, 1ª reimpressão 2023.

Editores: Jair Lot Vieira e Maíra Lot Vieira Micales
Coordenação editorial: Fernanda Godoy Tarcinalli
Tradução: Eduardo Saló
Revisão Técnica e Introdução: Edmilson Costa
Revisão: Thiago Santos
Diagramação: Ana Laura Padovan
Capa: Studio DelRey

Dados Internacionais de Catalogação na Publicação (CIP)
(Câmara Brasileira do Livro, SP, Brasil)

Marx, Karl, 1818-1883

    Salário, preço e lucro / Karl Marx; tradução Eduardo Saló; introdução Edmilson Costa. – 2. ed. – São Paulo : Edipro, 2020.

    Título original: Value, price and profit.
    ISBN 978-65-5660-009-3 (impresso)
    ISBN 978-65-5660-010-9 (e-pub)

    1. Salários 2. Valor (Economia) I. Costa, Edmilson. II. Título.

20-38011   CDD-335.412

Índice para catálogo sistemático:
1. Economia marxista : 335.412

Cibele Maria Dias – Bibliotecária – CRB-8/9427

São Paulo: (11) 3107-7050 • Bauru: (14) 3234-4121
www.edipro.com.br • edipro@edipro.com.br
@editoraedipro   @editoraedipro

SUMÁRIO

Introdução, por *Edmilson Costa*
Elementos para a teoria da mais-valia 7
    Salários e lucros 9
    Força de trabalho e valor 12
    Luta de classe 14

SALÁRIO, PREÇO E LUCRO

	Introdução 21
I	Produção e salário 23
II	Produção, salário, lucro 27
III	Salário e circulação monetária 37
IV	Oferta e procura 43
V	Salário e preço 47
VI	Valor e trabalho 51
VII	Força de trabalho 61
VIII	Produção da mais-valia 65
IX	Valor do trabalho 69
X	O lucro é obtido quando se vende a mercadoria "por" seu valor 71
XI	As diversas partes em que se decompõe a mais-valia 73
XII	Relação geral entre lucros, salários e preços 77
XIII	Principais tentativas para aumentar o salário ou para se opor à sua queda 81
XIV	Luta entre o capital e o trabalho e seus resultados 89

Introdução*
ELEMENTOS PARA A TEORIA DA MAIS-VALIA

Salário, Preço e Lucro é uma obra de disputa teórica no seio do movimento operário internacional, onde pela primeira vez Marx expõe os elementos essenciais para a construção da teoria da mais-valia. Escrita entre fins de maio e junho de 1865 para a reunião do *Conselho Geral da Primeira Internacional*, buscava criticar as concepções equivocadas da corrente de delegados influenciados pelo socialismo utópico de Robert Owen, cujas ideias, naquela reunião, foram expostas por John Weston, para quem um aumento dos salários seria prejudicial ao desenvolvimento da indústria, do comércio e, por extensão, à própria classe operária. Portanto, a ação das *trade-unions* deveria ser tratada como perniciosa aos interesses dos trabalhadores.

O texto de Marx representou naquela reunião uma verdadeira demarcação de campo entre os revolucionários e os reformistas, inclusive os proudhonianos, apesar de sua retórica de esquerda. Marx condena de maneira clara os chamados à resignação e à passividade da classe operária, estimula os operários à luta e formula os argumentos que justificam a batalha econômica dos trabalhadores e da sua ação histórica estratégica, que é a supressão do trabalho assalariado. Esse documento ficou conservado em manuscrito até 1898, quando então foi publicado pela filha de Marx, Eleanor, com o título *Value, Price and Profit* (*Valor, Preço e Lucro*), com prefácio de seu marido, Eduard Aveling, também responsável pelos títulos da introdução e dos seis primeiros capítulos, que não constavam do original.

Para compreender a importância desse texto para o movimento operário internacional, é necessário avaliar a conjuntura desse período, que assistia, como assinala o próprio Marx, a um crescimento geral do movimento grevista e a um clamor generalizado por aumento de salários. Ora, em uma conjuntura dessa ordem, uma associação internacional

---

*. Os grifos nas citações presentes nesta Introdução são de seu autor, Edmilson Costa. (N.E.)

de trabalhadores conclamar à passividade seria não só um contrassenso, mas um suicídio político. Por isso, tornava-se necessário combater as ideias daquelas correntes reformistas, para quem um aumento dos salários terminaria prejudicando os próprios trabalhadores, uma vez que tanto o montante da produção quanto o montante dos salários são grandezas fixas. Portanto, se ocorresse um aumento dos salários, haveria naturalmente uma reação patronal por seu rebaixamento, mediante o aumento de preços. Dizia Weston que,

> quando uma tigela contém uma certa quantidade de sopa, para ser comida por um certo número de pessoas, um aumento na largura das colheres não produziria um aumento no montante de sopa.

Marx retruca essa tese partindo do princípio de que, mesmo levando em conta que salário e produção sejam grandezas constantes, nada impede que o limite dessas grandezas seja relativo.

> Se eu tiver um dado número, digamos oito, os limites *absolutos* desse número não impedem as suas partes de mudar os seus limites *relativos*. Se os lucros fossem seis e os salários, dois, os salários poderiam aumentar para seis e os lucros decrescer para dois que o montante total permaneceria ainda oito.

Aprofundando mais o seu raciocínio, Marx sai do plano da abstração para ir direto ao ponto-chave do equívoco de Weston:

> Se o montante de salários é uma grandeza constante, então não pode ser nem aumentado, nem diminuído. Se, então, ao forçar um aumento temporário dos salários, os operários agem estupidamente, os capitalistas, ao forçar uma queda temporária dos salários, agiriam não menos estupidamente.

Salários e Lucros

Marx demonstra que o salário pago aos operários não representa o conjunto das riquezas produzidas pelos trabalhadores, mas apenas o preço da mercadoria força de trabalho, que corresponde aos meios necessários à sua subsistência. Portanto, a consequência de um aumento de salários seria uma queda geral na taxa de lucro dos capitalistas:

> o aumento geral na taxa de salários, após uma perturbação temporária nos preços de mercado, resultaria apenas em uma queda geral da taxa de lucro, sem qualquer mudança permanente nos preços das mercadorias.

Ele cita como exemplo a redução da jornada de trabalho para dez horas na Inglaterra, que, imposta pelo Parlamento, após longas jornadas de luta, significou um desenvolvimento da indústria, pois o encurtamento da jornada de trabalho resultou não só em uma melhoria nos ganhos dos operários, mas principalmente em um aumento do número de empregados, em um desenvolvimento das forças produtivas e na expansão dos mercados para novas mercadorias dos capitalistas.

Em seus argumentos, Weston afirmava ainda que um aumento geral nos salários requereria um aumento correspondente da massa de circulação monetária. Tendo em vista ser esta massa fixa, perguntava Weston, como se poderia pagar os aumentos de salários. Além disso, ressaltava que a contração da massa de circulação monetária, resultante da elevação da massa de salários, produziria uma diminuição do capital. Marx, em contraposição, demonstra que o montante das transações monetárias diárias, verificados os vários tipos de moedas ou quase-moedas em circulação, variam diariamente.

> O montante de notas de banco emitidas varia diariamente; [...] o montante de pagamentos realizados sem a intervenção de qualquer dinheiro, por intermédio de letras de câmbio, cheques, créditos escriturais, *clearing houses*, varia diariamente; [...] na medida em que é requerida a efetiva circulação monetária metálica, a proporção entre moeda em circulação e moeda e barras em reserva ou adormecida nos cofres dos bancos varia diariamente [...].

Portanto, a circulação monetária tende a se adaptar a circunstâncias da conjuntura.

Após refutar as concepções mais equivocadas de Weston, Marx passa a abordar o ponto central da questão que envolve salário, valor, trabalho e mais-valia. Para ele, o valor de uma mercadoria é regulado pela quantidade de trabalho social nela inserido.

> Como os *valores de troca (exchangeable values)* das mercadorias são apenas *funções sociais* dessas coisas e não têm absolutamente nada a ver com as suas qualidades *naturais*, temos de perguntar, em primeiro lugar: qual é a *substância social comum* de todas as mercadorias? É o *trabalho*. Para produzir uma mercadoria, um certo montante de trabalho tem de ser posto nela ou nela aplicado. E não digo apenas trabalho, mas *trabalho social*. Um homem que produz um artigo para seu próprio uso imediato, para ele próprio consumi-lo, cria um *produto*, mas não uma mercadoria. Como produtor que sustenta a si próprio, não tem nada a ver com a sociedade. Mas, para produzir uma *mercadoria*, um homem não tem apenas de produzir um artigo que satisfaça alguma necessidade *social*, o seu próprio trabalho tem de ser parte integrante da soma total de trabalho gasta pela sociedade. Tem de estar subordinado à *divisão do trabalho no interior da sociedade*. Não é nada sem as outras divisões do trabalho e, pela sua parte, é requerido para integrá-las.

Para Marx, uma mercadoria só possui valor porque é a condensação do trabalho social, resultando daí que o seu valor relativo é consequência da maior ou menor quantidade de trabalho social nela inserido.

> Uma mercadoria tem um valor porque é uma *cristalização de trabalho social*. A grandeza do seu valor, do seu valor *relativo*, depende do maior ou menor montante dessa substância social contida nela, isto é, da massa relativa de trabalho necessário para a sua produção. *Os valores relativos das mercadorias* são, portanto, determinados pelas quantidades ou montantes respectivos de trabalho empregado, realizado, fixado nelas. As quantidades correlativas de mercadorias que podem ser produzidas no mesmo tempo de trabalho são iguais. Ou: o valor de uma mercadoria está para o valor de outra mercadoria como a quantidade de trabalho fixado em uma está para a quantidade de trabalho fixado na outra.

Marx introduz nessa discussão um conceito muito importante, o da questão do trabalho socialmente necessário, que significa a produção média em uma determinada sociedade e em certas condições sociais e históricas. Portanto, com esse conceito clareia-se a relação entre a quantidade de trabalho inserida na mercadoria e o seu preço. Do contrário estaríamos premiando a preguiça ou a indolência. Se a medida do valor fosse pura e simplesmente a quantidade de trabalho, quanto mais preguiçoso fosse o trabalhador, mais cara seria a mercadoria, pois ele gastaria mais horas para a sua produção. Com o conceito de trabalho socialmente necessário, ou seja, trabalho social médio, encontra-se a natureza entre o valor da mercadoria e o tempo de trabalho social nela inserido. Portanto, os preços das mercadorias não são nada mais nada menos do que a expressão monetária do seu valor.

Força de Trabalho e Valor

Após analisar o valor das mercadorias em geral, Marx passa a analisar o valor específico da mercadoria *"força de trabalho"*. No capitalismo, os trabalhadores foram despossuídos dos seus instrumentos de produção. Para sobreviver, só possuem a capacidade de trabalhar, ou a força de trabalho. Portanto, vão ao mercado e vendem a sua capacidade de trabalhar em troca de determinado salário. O preço pago pela mercadoria força de trabalho corresponde ao seu valor, ou seja, à quantidade de meios para a subsistência do trabalhador e da sua família.

Para além da massa de meios de subsistência requerida para a *sua própria* manutenção, ele necessita de outro montante de meios de subsistência para criar uma certa quantidade de filhos, que irão lhe substituir no mercado de trabalho e perpetuar a existência dos trabalhadores.

Ao se incorporar ao processo produtivo, o trabalhador recebe um salário correspondente às suas necessidades de sobrevivência e às da sua família. No entanto, como o capitalista pode dispor da sua força de trabalho durante toda a jornada diária, há uma parte dessa jornada em que o trabalhador produz uma quantidade de riqueza que é suficiente para satisfazer às suas necessidades, por exemplo, quatro horas. No entanto, as quatro horas restantes, a jornada suplementar, a riqueza produzida vai para o bolso dos capitalistas em forma de mais-valia, trabalho não pago. Reside aí o núcleo central da exploração e o segredo da acumulação capitalista.

É sobre essa espécie de troca entre capital e trabalho que a produção capitalista ou o sistema de salários está fundado, a qual tem constantemente de resultar em um reproduzir do operário como operário e do capitalista como capitalista.

No sistema capitalista, o trabalho assalariado dá a impressão enganadora de que, ao receber o salário, o trabalhador está recebendo pelo conjunto do trabalho realizado, quando, na verdade, recebe apenas uma parcela da riqueza produzida.

Apesar de uma parte apenas do trabalho diário do operário ser *paga*, enquanto a outra parte *não é paga* e enquanto este trabalho não pago ou sobretrabalho constitui exatamente o fundo a partir do qual a *mais-valia* ou *lucro* se forma, parece que o trabalho total foi trabalho pago. [...] Na base do sistema de salários, até o trabalho *não pago* parece ser trabalho *pago*.

Outra característica importante da sociedade capitalista é o fato de que a mais-valia extraída pelo capitalista industrial, nas fábricas, não vai inteiramente para o seu bolso. Uma parte desse excedente vai para o banqueiro em forma de *juros*, outra para os donos da terra em forma de renda da terra, outra para o comércio em forma de lucro comercial. "*Renda, juro e lucro industrial* são apenas *diferentes nomes* para *diferentes partes* da *mais-valia* da mercadoria ou do *trabalho não pago encerrado nela* e *derivam igualmente dessa fonte, e apenas dessa fonte*."

Luta de Classe

Marx avalia que o valor da força de trabalho é formado por dois eixos básicos: um biológico e outro social. No primeiro caso, o operário, para se manter e reproduzir a força de trabalho, necessita de meios de subsistência indispensáveis para viver. Portanto, o limite do operário, nesse primeiro caso, é o preenchimento das condições físicas de sobrevivência. Já o segundo eixo, o social, depende de uma série de fatores, como a tradição, o hábito social, a conjuntura econômica e a luta de classe. Em épocas de crescimento econômico, por exemplo, os trabalhadores têm mais poder de barganha em relação aos capitalistas. Na baixa do ciclo, essas condições tornam-se mais difíceis. Além disso, o grau de consciência, organização e disposição para a luta dos operários são fatores fundamentais para arrancar dos capitalistas melhores salários que levarão a melhores condições de vida.

Para Marx, a luta econômica tem uma importância fundamental no processo histórico, porque define a variação entre lucros e salários. Quanto maiores os lucros, menores os salários e vice-versa.

> O máximo de lucro está, portanto, limitado pelo mínimo físico de salário e pelo máximo físico do dia de trabalho. É evidente que entre os dois limites desta *taxa máxima de lucro* é possível uma imensa escala de variações. A fixação do seu grau efetivo é estabelecida apenas pela contínua luta entre capital e trabalho, tendendo o capitalista a, constantemente, reduzir os salários ao seu mínimo físico e a estender o dia de trabalho ao seu máximo físico, enquanto o operário constantemente pressiona na direção oposta.

Ao contrário dos reformistas da Primeira Internacional, Marx defende a ideia de que os trabalhadores devem lutar pela melhoria de suas condições de vida e salários, uma vez que os capitalistas buscarão constantemente depreciar o valor da força de trabalho.

> Sendo esta a tendência das *coisas* neste sistema, quererá isto dizer que a classe operária deverá renunciar à sua resistência contra as investidas do capital e abandonar as suas tentativas de tirar o melhor proveito das oportunidades ocasionais para a sua melhoria temporária? Se o fizesse, seria degradada a uma massa nivelada de miseráveis domesticados e sem salvação. [...] Cedendo covardemente no seu conflito de todos os dias com o capital, certamente que se desqualificariam para o empreendimento de qualquer movimento mais amplo.

Finalmente, Marx adverte para o fato de que as lutas parciais, econômicas, as reivindicações por melhores condições de vida e por melhores salários não devem ser confundidas com a luta mais geral contra o sistema como um todo.

> [Nestas lutas, a classe operária] Não deverá esquecer que está a lutar contra seus efeitos, mas não com as causas desses efeitos; que está a retardar o movimento descendente, mas não a mudar a sua direção; que está a aplicar paliativos, mas não a curar a doença. Por conseguinte, não deverá estar exclusivamente absorvida nestas inevitáveis lutas de guerrilha que incessantemente derivam das investidas sem fim do capital ou das mudanças do mercado. Deverá compreender que, (juntamente) com todas as misérias que lhe impõe, o sistema presente engendra simultaneamente as *condições materiais* e as *formas sociais* necessárias para uma reconstrução econômica da sociedade. Em vez do *motto conservador*: "*Um salário diário justo para um trabalho diário justo!*", deverá inscrever na sua bandeira a palavra de ordem revolucionária: "*Abolição do sistema de salários!*".

Edmilson Costa
Doutor em Economia pela Unicamp (1996),
com pós-doutorado em Economia Internacional
(Globalização e Capitalismo Contemporâneo),
também pela Unicamp (2002).

KARL MARX

SALÁRIO, PREÇO E LUCRO

Introdução

Cidadãos:

Antes de entrar na matéria, permitam-me que faça algumas observações preliminares.

Reina atualmente no Continente uma real epidemia de greves e um clamor geral em prol do aumento de salários. A questão irá aparecer no nosso Congresso.[1] Vós, como dirigentes da Associação Internacional, deveis ter convicções definidas acerca dessa questão primordial. Pela minha parte, considerei, portanto, que era meu dever entrar plenamente na matéria, mesmo com o perigo de pôr severamente à prova a vossa paciência.

Tenho de fazer outra observação preliminar no que respeita ao Cidadão Weston.[2] Não apenas vos propôs, mas publicamente defendeu, no interesse da classe operária, pensa ele, opiniões que ele sabe que são sumamente impopulares junto da classe operária. Todos nós temos altamente de respeitar uma tal exibição de coragem moral. Espero que, apesar do estilo não envernizado da minha comunicação, na conclusão desta, ele me encontrará a concordar com aquilo que me parece ser a ideia justa subjacente no fundo das teses dele, as quais, todavia, na sua forma presente, não posso senão considerar teoricamente falsas e praticamente perigosas.

Passarei agora imediatamente ao assunto que temos perante nós.

---

1. Em vez do Congresso de Bruxelas de 1865, previsto pelos Estatutos Provisórios, foi convocada a conferência preliminar de Londres, que se realizou de 25 a 29 de setembro de 1865.
2. John Weston era membro do Conselho Geral e delegado também da conferência de Londres de 1865. Desde então, em uma carta a Engels de 4 de novembro de 1864, Marx caracteriza Weston da seguinte maneira: "Além do mais, um velho owenista, Weston – ele próprio fabricante nesta hora, bravo homem de alhures e muito amável – estabeleceu um programa de uma confusão extrema e de uma verbosidade inacreditável.". *Correspondência Marx – Engels*, t. VIII, p. 95, Ed. Costes (N.E.).

I
Produção e salário

O argumento do Cidadão Weston repousava, de fato, sobre duas premissas: em primeiro lugar, que o *montante da produção nacional* é uma *coisa fixa*, uma quantidade ou grandeza *constante*, como os matemáticos diriam; em segundo lugar, que o *montante do salário real*, isto é, do salário medido pela quantidade de mercadorias que pode comprar, é um montante *fixo*, uma grandeza *constante*.

Ora, a sua primeira asserção é, evidentemente, errônea. Ano após ano vereis que o valor e a massa da produção aumentam, que as forças produtivas (*productive powers*) do trabalho nacional aumentam e que o montante de dinheiro necessário para a circulação dessa produção crescente muda continuamente. O que é verdade no fim do ano, e para anos diferentes comparados uns com os outros, é verdade para cada dia médio do ano. O montante ou a grandeza da produção nacional muda continuamente. Não é uma grandeza *constante*, mas *variável*, e, pondo de parte mudanças na população, tem de o ser por causa da contínua mudança na *acumulação de capital* e nas *forças produtivas de trabalho*. É perfeitamente verdade que, se um *aumento na taxa geral do salário* tivesse lugar hoje, esse aumento, quaisquer que pudessem ser os seus efeitos ulteriores, *por si próprio*, não mudaria *imediatamente* o montante da produção. Em uma primeira instância, partiria do estado de coisas existente. Mas, se *antes* do aumento do salário a produção nacional for *variável*, e não *fixa*, continuará a ser variável e não fixa *depois* do aumento do salário.

Mas suponhamos que o montante da produção nacional seja *constante* em vez de *variável*. Mesmo nesse caso, o que o nosso amigo Weston considera uma conclusão lógica continuaria a permanecer uma asserção gratuita. Se eu tiver um dado número, digamos oito, os limites *absolutos* desse número não impedem as suas partes de mudar os seus limites *relativos*. Se os lucros fossem seis e os salários, dois, os salários poderiam aumentar para seis e os lucros decrescer para dois que o montante total permaneceria ainda oito. Por conseguinte, o montante fixo da produção de maneira alguma provaria o montante fixo do salário. Como é, então, que o nosso amigo Weston prova essa fixidez? Afirmando-a.

Mas mesmo concedendo-lhe a sua asserção, ela daria para os dois lados, enquanto ele a impele apenas em uma direção. Se o montante de salários é uma grandeza constante, então não pode ser nem aumentado, nem diminuído. Se, então, ao forçar um aumento temporário dos salários, os operários agem estupidamente, os capitalistas, ao forçar uma queda temporária dos salários, agiriam não menos estupidamente. O nosso amigo Weston não nega que, em certas circunstâncias, os operários *podem* forçar um aumento dos salários, mas, sendo o seu montante naturalmente fixo, terá de seguir-se uma reação. Por outro lado, ele sabe também que os capitalistas *podem* forçar uma queda dos salários e, na verdade, continuamente tentam forçá-la. De acordo com o princípio da constância dos salários, deveria seguir-se uma reação, não menos nesse caso do que no primeiro. Os operários, portanto, reagindo contra a tentativa ou contra o ato de baixar os salários, agiriam corretamente. Agiriam, portanto, corretamente ao forçar um *aumento de salários*, porque toda a *reação* contra a queda dos salários é uma *ação* em prol do aumento dos salários. De acordo com o próprio princípio da *constância dos salários* do Cidadão Weston, os operários deveriam, portanto, em certas circunstâncias, unir-se e lutar por um aumento dos salários.

Se ele nega essa conclusão, tem de desistir da premissa de que ela decorre. Não pode dizer que o montante de salários é uma *quantidade constante*, mas que, apesar de não poder nem ter de *subir*, pode e tem de cair, sempre que o capital aprouver baixá-lo. Se aprouver ao capitalista alimentar-nos de batatas em vez de carne e de aveia em vez de trigo, temos de aceitar a sua vontade como uma lei da economia política e de nos submeter a ela. Se em um país a taxa do salário é maior do que noutro, (maior), por exemplo, nos Estados Unidos do que na Inglaterra, temos de explicar essa diferença na taxa do salário pela diferença entre a vontade do capitalista americano e a vontade do capitalista inglês, método que certamente muito simplificaria não só o estudo dos fenômenos econômicos como de todos os outros fenômenos.

Mas, mesmo nesse caso, poderíamos perguntar: *por que* difere a vontade do capitalista americano da vontade do capitalista inglês? E para responder à pergunta temos de ir para além do domínio da *vontade*. Um vigário pode dizer-me que Deus quer uma coisa na França e outra coisa na Inglaterra. Se eu o intimar a explicar essa dualidade de vontade, ele poderia ter a impudência de me responder que Deus quer ter uma vontade na França e outra vontade na Inglaterra. Mas o nosso amigo Weston é certamente a última pessoa a usar como argumento uma negação tão completa de todo o raciocínio.

A *vontade* do capitalista é certamente de ficar com o mais possível. O que temos de fazer não é falar acerca da sua *vontade*, mas de inquirir do seu *poder*, dos *limites desse poder* e do *caráter desses limites*.

II
Produção, salário, lucro

A mensagem que o Cidadão Weston nos leu podia ter sido comprimida em uma casca de noz.

Todo o seu raciocínio equivalia a isto: se a classe operária forçar a classe capitalista a pagar 5 *Moedas* em vez de 4 *Moedas* sob a forma de salários em dinheiro, o capitalista retribuirá, sob a forma de mercadorias, o valor de 4 *Moedas* em vez do valor de 5 *Moedas*. A classe operária teria de pagar 5 *Moedas* por aquilo que, antes do aumento de salários, comprava com 4 *Moedas*. Mas por que é assim? Por que o capitalista apenas devolve um valor de 4 *Moedas* por 5 *Moedas*? Porque o montante de salário é fixo. Mas por que ele é fixo em um valor de 4 *Moedas* de mercadorias? Por que não de 3 ou 2 *Moedas* ou qualquer outra soma? Se o limite do montante de salários é estabelecido por uma lei econômica, independente tanto da vontade do capitalista como da vontade do operário, a primeira coisa que o Cidadão Weston tinha de fazer era enunciar essa lei e prová-la. Deveria, então, além disso, ter provado que o montante de salários efetivamente pago a cada dado momento corresponde sempre exatamente ao montante de salários necessário e nunca se desvia dele. Se, por outro lado, o limite dado ao montante de salários está fundado na *mera vontade* do capitalista ou nos limites da sua avareza, é um limite arbitrário. Não há nele nada de necessário. Pode ser mudado *pela* vontade do capitalista e pode, portanto, ser mudado *contra* a vontade dele.

O Cidadão Weston ilustrou a sua teoria dizendo-vos que quando uma tigela contém uma certa quantidade de sopa, para ser comida por um certo número de pessoas, um aumento na largura das colheres não produziria um aumento no montante de sopa. Permitam-me achar essa ilustração bastante débil.[3] Fez-me lembrar, de algum modo, da comparação empre-

---

3. Marx usa aqui de um trocadilho entre *spoon*, que significa: "colher", e *spoony*, que figurativamente quer dizer "fraco de espírito", "débil" ou mesmo "estúpido" – segundo a imagem de fraqueza fornecida por uma criança alimentada a comida *de colher* (e não de garfo, ou seja, comida fraca, não sólida). (N.E.)

gada por Menenius Agripa. Quando os plebeus romanos arremeteram contra os patrícios romanos, o patrício Agripa disse-lhes que a barriga patrícia alimentava os membros plebeus do corpo político. Agripa não conseguiu mostrar que se alimentam os membros de um homem enchendo a barriga de outro. O Cidadão Weston, por seu lado, esqueceu-se de que a tigela de que os operários comem é cheia com todo o produto do trabalho nacional e de que o que os impede de tirar mais dela não é nem a estreiteza da tigela, nem a escassez do seu conteúdo, mas apenas a pequenez das suas colheres.

Por que artifício é que o capitalista é habilitado a devolver um valor de 4 *Moedas* por 5 *Moedas*? Fazendo subir o preço da mercadoria que vende. Ora, dependerá um aumento e, mais geralmente, uma mudança nos preços das mercadorias, inclusive os preços das próprias mercadorias, da mera vontade do capitalista? Ou, pelo contrário, são requeridas certas circunstâncias para que essa vontade se efetive? Se não, os aumentos e as quedas, as incessantes flutuações de preços de mercado, tornam-se um enigma insolúvel.

Como supomos que não teve lugar qualquer mudança nas forças produtivas de trabalho, ou no montante de trabalho e capital empregados, ou no valor do dinheiro em que os valores dos produtos são estimados, mas *apenas uma mudança na taxa de salários,* como poderia esse *aumento de salários* afetar os *preços das mercadorias*? Só por afetar a proporção existente entre a procura e a oferta dessas mercadorias.

É perfeitamente verdade que, considerada como um todo, a classe operária gasta e tem de gastar o seu rendimento em *meios de subsistência* (*necessaries*). Um aumento geral na taxa de salários produziria, portanto, um aumento na procura e, consequentemente, *nos preços de mercado dos meios de subsistência.* Os capitalistas que produzem esses meios de subsistência seriam compensados, dos salários aumentados, pelos preços de mercado crescentes das suas mercadorias. Mas o que acontece aos outros capitalistas que *não* produzem meios de subsistência? E não se pode imaginar que formem um pequeno corpo. Se se tiver em conta que dois terços do produto nacional são consumidos por um quinto da população – um membro da Câmara dos Comuns declarava recentemente não ser senão um sétimo da população –, compreender-se-á que proporção imensa do produto nacional não terá de ser produzida sob a forma de artigos de luxo (*luxuries*), ou de ser *trocada* por artigos de luxo, e que montante imenso de próprios meios de subsistência não terá de ser desperdiçado com lacaios, cavalos, gatos etc., um desperdício que, sabemos por experiência, se torna sempre muito limitado com os preços crescentes dos meios de subsistência.

Bem, qual seria a posição daqueles capitalistas que *não* produzem meios de subsistência? Não poderiam compensar-se da *queda na taxa de lucro*, consequente ao aumento geral de salários, por um *aumento no preço das suas mercadorias*, porque a procura dessas mercadorias não teria aumentado. O seu rendimento teria decrescido, e desse rendimento decrescido teriam de pagar mais pelo mesmo montante de meios de subsistência com um preço mais elevado. Mas isso não seria tudo. Como o seu rendimento teria diminuído, teriam menos para gastar em artigos de luxo e, portanto, a procura recíproca de suas respectivas mercadorias diminuiria. Em consequência dessa procura diminuída, os preços das suas mercadorias cairiam. Nesses ramos da indústria, portanto, *a taxa de lucro cairia*, não só em proporção simples ao aumento geral na taxa de salários, mas na razão composta do aumento geral de salários, do aumento dos preços dos meios de subsistência e da queda dos preços dos artigos de luxo.

Qual seria a consequência dessa *diferença nas taxas de lucro* para capitais empregados nos diferentes ramos da indústria? Ora, bem: a consequência que geralmente prevalece é a de sempre que, por uma qualquer razão, a *taxa média de lucro* vem a diferir nas diferentes esferas da produção. O capital e o trabalho seriam transferidos dos ramos menos remuneradores para os mais remuneradores, e esse processo de transferência continuaria até que a oferta em um departamento da indústria tivesse subido proporcionalmente à procura aumentada e tivesse caído nos outros departamentos de acordo com a procura decrescida. Efetuada essa mudança, a taxa geral de lucro voltaria a estar *igualizada* nos diferentes ramos. Como todo o desarranjo proveio originariamente de uma mera mudança na proporção da procura e da oferta de diferentes mercadorias, cessando a causa, o efeito cessaria e os *preços* regressariam ao seu nível e equilíbrio anteriores. Em vez de ficar limitada a alguns ramos da indústria, a *queda na taxa de lucro* consequente ao aumento de salários ter-se-ia tornado geral. De acordo com a nossa suposição, não teria havido lugar a qualquer mudança nas forças produtivas de trabalho nem no montante total da produção, mas *esse dado montante de produção teria mudado a sua forma*. Uma parte maior do produto existiria sob a forma de meios de subsistência, uma parte menor sob a forma de artigos de luxo ou, o que vem a dar no mesmo, uma parte menor seria trocada por artigos de luxo estrangeiros e consumida na sua forma original ou, o que de novo vem a dar no mesmo, uma parte maior do produto nativo seria trocada por meios de subsistência estrangeiros em vez de por artigos de luxo. Portanto, o aumento geral na taxa de salários, após uma perturbação temporária nos preços de mercado, resultaria apenas em uma queda geral da taxa de lucro, sem qualquer mudança permanente nos preços das mercadorias.

Se me disserem que no argumento anterior eu presumo que todo o salário suplementar (*surplus wages*) é gasto em meios de subsistência, eu respondo que fiz a suposição mais vantajosa para a opinião do Cidadão Weston. Se os salários suplementares fossem gastos em artigos que anteriormente não entravam no consumo dos operários, o aumento real do seu poder de compra não precisaria de prova. Sendo, contudo, apenas derivado de uma elevação de salários, aquele aumento do seu poder de compra tem de corresponder exatamente à diminuição do poder de compra dos capitalistas. A *procura total* de mercadorias, portanto, não *aumentaria*, mas as partes constitutivas dessa procura *mudariam*. A procura crescente de um lado seria contrabalançada pela procura minguante do outro lado. Desse modo, permanecendo estacionária a procura total, não poderia ter lugar qualquer mudança nos preços de mercado das mercadorias.

Chegamos, portanto, a este dilema: ou os salários suplementares são gastos igualmente em todos os artigos de consumo – e, então, a expressão da procura por parte da classe operária tem de ser compensada pela contração da procura por parte da classe capitalista –, ou os salários suplementares são gastos apenas em alguns artigos cujos preços de mercado temporariamente subirão. Então, o consequente aumento na taxa de lucro em alguns ramos da indústria e a consequente queda na taxa de lucro em outros produzirão uma mudança na distribuição de capital e trabalho, que continuará até que a oferta seja elevada à procura aumentada em um departamento da indústria e baixada à procura diminuída nos outros departamentos da indústria. Segundo uma suposição, não ocorrerá qualquer mudança nos preços das mercadorias. Segundo a outra suposição, após algumas flutuações dos preços de mercado, os valores de troca (*exchangeable values*) das mercadorias descerão até ao nível anterior. Segundo ambas as suposições, o aumento geral na taxa de salários não resultará ultimamente senão em uma queda geral da taxa de lucro.

Para estimular os nossos poderes de imaginação, o Cidadão Weston pediu-nos que pensássemos nas dificuldades que produziria um aumento geral dos salários agrícolas ingleses de 9 *Moedas* para 18 *Moedas*. Pensem, exclamava ele, no aumento imensa na procura de meios de subsistência e no consequente aumento terrível nos seus preços! Ora, todos sabem que o salário médio do trabalhador agrícola americano monta a mais do dobro do salário do trabalhador agrícola inglês, apesar de os preços do produto agrícola serem mais baixos nos Estados Unidos do que no Reino Unido, apesar de as relações gerais de capital e trabalho prevalecerem de igual modo nos Estados Unidos e na Inglaterra e apesar do montante anual da produção ser muito menor nos Estados Unidos do que na Inglaterra. Por que é, então, que o nosso amigo toca a rebate? Simplesmente para desviar a questão real que está diante de nós. O aumento súbito de salários de 9 *Moedas* para 18 seria um aumento súbito no montante de 100%. Ora, de modo algum estamos a discutir a questão de se a taxa geral de salários na Inglaterra poderia ser subitamente aumentada 100%. Não temos nada a ver com a *grandeza* de aumento que, em cada caso prático, tem que depender de, e estar adaptada a, circunstâncias dadas. Temos apenas de inquirir de como atuará um aumento geral na taxa de salários, mesmo se restringida a 1%.

Pondo de parte o fantasioso aumento de 100% do amigo Weston, proponho-me chamar a vossa atenção para o aumento real de salários que teve lugar na Grã-Bretanha de 1849 a 1859.

Todos estais cientes da Lei das Dez Horas ou, antes da Lei das Dez Horas e Meia,[4] em vigor desde 1848. Foi uma das maiores mudanças econômicas que testemunhamos. Foi um aumento súbito e compulsivo

---

4. A luta da classe operária por uma redução legislativa da jornada de trabalho para dez horas foi travada na Inglaterra desde os finais do século XVIII, e a partir do começo dos anos 30 do século XIX ganhou vastas massas do proletariado. A lei sobre a jornada de trabalho de dez horas (*Ten Hour's Bill*), extensiva apenas a mulheres e adolescentes, foi aprovada no Parlamento em 8 de junho de 1847. Todavia, na prática, numerosos industriais não respeitavam essa lei.

de salários, não apenas em alguns negócios locais mas nos principais ramos industriais pelos quais a Inglaterra domina os mercados do mundo. Foi um aumento de salários em circunstâncias singularmente impropícias. O Dr. Ure, o Professor Senior e todos os outros porta-vozes econômicos oficiais da classe média *provaram*, e tenho de dizer em bases muito mais fortes do que as do nosso amigo Weston, que isso seria o toque de finados pela indústria inglesa. Provaram que não apenas importou em um simples aumento de salários, mas em um aumento de salários iniciado e baseado em uma diminuição da quantidade de trabalho empregado. Afirmaram que a 12ª hora que se queria tirar ao capitalista era exatamente a única hora de onde ele derivava o seu lucro. Ameaçaram com um decréscimo da acumulação, aumento de preços, perda de mercados, contração da produção, consequente reação sobre os salários, ruína final. De fato, declararam que as Leis do Máximo[5] de Maximiliano Robespierre eram uma coisa de somenos comparadas com estas; e em certo sentido tinham razão. Bem, qual foi o resultado? Um aumento dos salários em dinheiro dos operários fabris, apesar do encurtamento do dia de trabalho, um grande aumento no número de braços fabris empregados, uma queda contínua nos preços dos seus produtos, um maravilhoso desenvolvimento nas forças produtivas do seu trabalho, uma inaudita expansão progressiva dos mercados para as suas mercadorias. Em Manchester, em 1861, na reunião da Sociedade para o Avanço da Ciência, eu próprio ouvi o Sr. Newman confessar que ele, o Dr. Ure, o Professor Sênior, e todos os outros proponentes oficiais da ciência econômica tinham se enganado, enquanto o instinto do povo tinha tido razão. Refiro-me ao Sr. W. Newman,[6] e não ao Professor Francis Newman, porque ele ocupa uma posição eminente na ciência econômica, como colaborador e editor da *History of Prices* do Sr. Thomas Tooke, essa obra magnífica que traça a história dos preços de 1793 a 1856. Se a ideia fixa do nosso amigo Weston de um montante fixo de salários, um montante fixo da produção, um grau fixo da força produtiva de trabalho, uma vontade fixa e permanente dos capitalistas e todas as suas

---

5. Durante a revolução burguesa francesa, a Convenção jacobina instituiu, em 1793-1794, preços fixos para o trigo, a farinha e diversos artigos de primeira necessidade, ao mesmo tempo que os salários eram fixos.
6. A *British Association for the Advancement of Science* foi fundada em 1831 e ainda hoje existe. Marx refere-se aqui a um discurso proferido por W. Newmarch na reunião da seção econômica da Associação em setembro de 1861.

outras fixações e finalidade estivessem corretas, os presságios calamitosos do Professor Sênior teriam estado certos e não teria estado certo Robert Owen, que já em 1815 proclamava uma limitação geral do dia de trabalho como o primeiro passo preparatório para a emancipação da classe operária[7] e que, efetivamente em oposição ao preconceito geral, a inaugurou por sua própria iniciativa, na sua fábrica de algodão em New Lanark.

Precisamente no mesmo período em que ocorreram a introdução da Lei das Dez Horas e o aumento de salários que se lhe seguiu, teve lugar na Grã-Bretanha, por razões que seria descabido enumerar aqui, *um aumento geral dos salários agrícolas*.

Apesar de não ser requerido pelo meu propósito imediato, em ordem a não vos induzir em erro, farei algumas observações preliminares.

Se um homem tivesse 2 *Moedas* por semana de salário e o seu salário subisse para 4 *Moedas*, a *taxa de salário* teria subido 100%. Isso pareceria uma coisa magnífica se expressa como um aumento na *taxa de salários*, apesar do *montante efetivo de salário*, 4 *Moedas* por semana, continuar a permanecer uma pitança miseravelmente pequena, de fome. Tendes, portanto, de não vos deixar levar pelos altissonantes por centos na *taxa de salários*. Tendes sempre de perguntar: qual era o montante *original*?

Além disso, compreendereis que se houvesse 10 homens recebendo cada um 2 *Moedas* por semana, 5 homens recebendo cada um 5 *Moedas* por semana e 5 homens recebendo cada um 11 *Moedas* por semana, os 20 homens juntos receberiam 100 *Moedas* ou 5 *Moedas* por semana em média. Se, então, tivesse lugar um aumento, digamos de 20%, sobre a soma *total* dos seus salários semanais haveria uma elevação de 5 para 6 *Moedas*. Tomando a média, poderíamos dizer que a *taxa geral de salários* tinha subido 20%, apesar de, de fato, os salários dos 10 homens terem permanecido estacionários, os salários de um dos grupos de 5 homens terem subido apenas de 5 para 6 *Moedas* e os salários do outro grupo de 5 homens, ao todo, de 55 para 70 *Moedas*. Metade dos homens não teria de modo algum melhorado a sua posição, um quarto tê-la-ia melhorado em um grau imperceptível e apenas um quarto teria se beneficiado realmente. Contudo, contando pela *média*, o montante total de salários desses 20 homens teria aumentado 20% e, no que diz

---

7. Ver Robert Owen. *Observations on the Effect of the Manufacturing System*. Londres, 1817, p. 76.

respeito ao capital total que os emprega e aos preços das mercadorias que produzem, seria exatamente o mesmo do que se todos eles tivessem partilhado igualmente o aumento médio de salários. No caso do trabalho agrícola, sendo os salários-tipo muito diferentes nos diferentes condados de Inglaterra e Escócia, o aumento afetou-os muito desigualmente.

Finalmente, durante o período em que esse aumento de salários teve lugar estiveram em ação influências contrárias, tais como os novos impostos em consequência da guerra russa,[8] a demolição extensiva das casas de habitação dos trabalhadores agrícolas[9] etc.

Tendo posto tantas premissas, passo a constatar que de 1849 a 1859 teve lugar um *aumento de cerca de 40%* na taxa média dos salários agrícolas da Grã-Bretanha. Poderia dar-vos amplos pormenores como prova da minha asserção, mas para o meu presente propósito penso que é suficiente remeter-vos para a comunicação conscienciosa e crítica apresentada em 1859 pelo falecido Sr. John C. Morton à Sociedade das Artes,[10] de Londres, sobre *The Forces Used in Agriculture*. O Sr. Morton dá os quadros estatísticos, a partir de contas e outros documentos autênticos, que recolheu de cerca de cem lavradores, residindo em 12 condados escoceses e 35 ingleses.

Segundo a opinião do nosso amigo Weston, e considerando conjuntamente o simultâneo aumento nos salários dos operários fabris, deveria ter ocorrido um tremendo aumento nos preços do produto agrícola durante o período de 1849 a 1859. Mas, quais são os fatos? Apesar da guerra russa e das consecutivas colheitas desfavoráveis de 1854 a 1856, o preço médio do trigo, que é o principal produto agrícola da Inglaterra,

---

8. Trata-se da Guerra da Criméia (1853-1856), travada pela Rússia contra uma coligação constituída por Inglaterra, França, Turquia e Sardenha por uma influência predominante no Oriente Próximo. A Guerra da Criméia, assim designada devido ao local do principal teatro de operações, terminou com a derrota da Rússia.
9. Nos meados do século XIX, uma demolição maciça de casas em localidades rurais pode até certo ponto ser explicada pelo fato de que o montante de impostos pagos pelos proprietários fundiários em benefício dos pobres dependia largamente do número de pobres residentes nas suas terras. Os proprietários rurais demoliram deliberadamente aquelas casas de que eles próprios não precisavam, mas que podiam servir de abrigo à população agrícola "excedentária".
10. *Royal Society of Arts*: associação burguesa com objetivos educacionais e filantrópicos, fundada em Londres em 1754. A comunicação referida foi apresentada por John Chalmers Morton, filho de John Morton.

caiu de cerca de 60 *Moedas* por *quarter*[11] nos anos de 1838 a 1848 para cerca de 50 *Moedas* por *quarter* nos anos de 1849 a 1859. Isso constitui uma queda no preço do trigo de mais de 16%, e simultâneo com um aumento médio dos salários agrícolas de 40%. Durante o mesmo período, se compararmos o seu fim com o seu começo, 1859 com 1849, houve um decréscimo de pauperismo oficial de 934.419 para 860.470, sendo a diferença de 73.949 pobres; um decréscimo muito pequeno, reconheço, e que nos anos seguintes de novo se perdeu, mas ainda assim um decréscimo.

Poderá dizer-se que, em consequência da abolição das *Leis dos Cereais*,[12] a importação de cereal estrangeiro mais do que duplicou durante o período de 1849 a 1859, comparada com o período de 1838 a 1848. E daí? Do ponto de vista do Cidadão Weston, esperar-se-ia que essa procura súbita, imensa e continuamente crescente nos mercados estrangeiros, teria de atirar os preços do produto agrícola para uma tremenda altura, permanecendo o efeito de uma procura aumentada do mesmo, quer venha de fora, quer de dentro. Que se verificou de fato? Se excetuarmos alguns anos de colheitas fracas, durante todo esse período, a queda ruinosa no preço do cereal constitui um tema constante de declamação na França; os americanos, por mais de uma vez, foram compelidos a queimar o seu excedente de produção; e a Rússia, se formos acreditar no Sr. Urquhart, instigou a Guerra Civil nos Estados Unidos,[13] porque as suas exportações agrícolas eram mutiladas pela competição ianque nos mercados da Europa.

Reduzindo à sua forma abstrata, o argumento do Cidadão Weston viria a dar no seguinte: todo o aumento na procura ocorre sempre na

---

11. *Quarter*: antiga medida inglesa de capacidade que equivalia aproximadamente a 291 litros. (N.E.)
12. As chamadas *Leis dos Cereais*, visando restringir ou proibir a importação de cereais do estrangeiro, foram introduzidas na Inglaterra para salvaguardar os interesses dos grandes proprietários fundiários. Em 1838, Cobden e Bright, industriais de Manchester, fundaram a *Anti-Corn Law League*. Apresentando a exigência da plena liberdade de comércio, a Liga lutava pela revogação das Leis dos Cereais, com o objetivo de reduzir os salários dos operários e de enfraquecer as posições políticas e econômicas da aristocracia fundiária. Em resultado dessa luta, as Leis dos Cereais foram revogadas em 1846, o que significou uma vitória da burguesia industrial sobre a aristocracia fundiária.
13. A *Guerra Civil* (1861-1865) opôs, nos Estados Unidos, os Estados industriais do Norte e os Estados escravistas do Sul, que se rebelaram contra a abolição da escravatura. A classe operária da Inglaterra opôs-se à política da burguesia inglesa, que apoiava os plantadores escravistas, e impediu a ingerência da Inglaterra na Guerra Civil dos Estados Unidos.

base de um dado montante de produção. *Nunca pode, portanto, aumentar a oferta dos artigos procurados*, mas pode *apenas encarecer os seus preços em dinheiro*. Ora, a observação mais comum mostra que uma procura acrescida deixará, em alguns casos, os preços de mercado das mercadorias completamente inalterados e causará, em outros casos, um aumento temporário dos preços de mercado seguida de um oferta acrescida, seguida de uma reprodução dos preços para o seu nível original e, em muitos casos, *abaixo* do seu nível original. Se o aumento da procura provém de salários suplementares ou de qualquer outra causa, de modo algum altera as condições do problema. Do ponto de vista do Cidadão Weston, o fenômeno geral era tão difícil de explicar como o fenômeno que ocorre nas circunstâncias excepcionais de um aumento de salários. O seu argumento não tinha, portanto, qualquer relação peculiar com o assunto que tratamos. Apenas expressava a sua perplexidade em dar conta das leis segundo as quais um acréscimo de procura produz um acréscimo de oferta, em vez de um aumento final dos preços de mercado.

III
Salário e circulação monetária

No segundo dia do debate, o nosso amigo Weston revestiu de novas formas as suas velhas asserções. Disse: em consequência de um aumento geral nos salários em dinheiro será requerida uma massa maior de circulação monetária para pagar os mesmos salários. Sendo a massa de circulação monetária *fixa*, como é que se pode pagar com essa massa de circulação monetária fixa salários em dinheiro acrescidos? Primeiro, a dificuldade surgia do montante fixo de mercadorias que cabem ao trabalhador, apesar do seu acréscimo de salário em dinheiro; agora, provém dos salários em dinheiro acrescidos, apesar do montante fixo de mercadorias. Claro que se se rejeitar o seu dogma original, as razões de queixas secundárias desaparecerão.

No entanto, mostrarei que essa questão da circulação monetária não tem absolutamente nada a ver com o assunto que temos diante de nós.

No vosso país, o mecanismo dos pagamentos está muito mais aperfeiçoado do que em qualquer país da Europa. Graças à extensão e concentração do sistema bancário, é necessária uma massa muito menor de circulação monetária para circular o mesmo montante de valores e para transacionar o mesmo montante ou um (montante) superior de negócios. Por exemplo, no que diz respeito aos salários, o operário fabril inglês paga semanalmente ao lojista o seu salário, que o envia semanalmente ao banqueiro, que o devolve semanalmente ao manufatureiro, que de novo o paga aos seus operários etc. Por esse dispositivo, o salário anual de um operário, digamos $ 52, pode ser pago por um único *sovereign*[14] girando cada semana no mesmo círculo. Mesmo na Inglaterra o mecanismo é menos perfeito do que na Escócia e não é igualmente perfeito em toda a parte; e, portanto, verificamos que, por exemplo, em

---
14. *Soberano*: moeda de ouro inglesa equivalente a uma Libra. (N.E.)

alguns distritos agrícolas, em comparação com os meros distritos fabris, é requerida uma massa de circulação monetária muito maior para circular um montante de valores muito menor.

Se se atravessar o Canal, verificar-se-á que os *salários em dinheiro* são muito mais baixos do que na Inglaterra, mas que são circulados na Alemanha, Itália, Suíça e França por um *montante de circulação monetária muito maior*. O mesmo *sovereign* não será tão rapidamente interceptado pelo banqueiro ou devolvido ao capitalista industrial; e, portanto, em vez de um *sovereign* circulando $ 52 por ano, são requeridos talvez três *sovereigns* para circular anualmente salários no montante de $ 25. Desse modo, comparando países continentais com a Inglaterra, ver-se-á imediatamente que salários em dinheiro baixos podem requerer uma massa de circulação monetária muito maior para a sua circulação do que salários em dinheiro altos e que esse é, de fato, um ponto meramente técnico, completamente alheio ao nosso assunto.

De acordo com os melhores cálculos de que tenho conhecimento, o rendimento anual da classe operária deste país pode ser estimado em $ 250 milhões. Essa imensa soma põe em circulação cerca de $ 3 milhões. Suponhamos que se verifique um aumento de salários de 50%. Então, em vez de uma massa de circulação monetária de $ 3 milhões seria requerida uma de $ 4,5 milhões. Como uma parte muito considerável das despesas diárias do operário é paga em prata e cobre, isto é, em meros sinais, cujo valor relativo ao ouro é arbitrariamente fixado por lei, como o do papel-moeda inconvertível, um aumento de salários em dinheiro de 50% requereria, no caso extremo, uma circulação adicional de *sovereigns*, digamos, no montante de um milhão. Circularia um milhão, presentemente adormecido, sob a forma de barra ou moeda, nas caves do Banco de Inglaterra ou de banqueiros privados. Mas mesmo a despesa insignificante resultante da cunhagem adicional ou do uso e desgaste adicionais desse milhão poderia ser poupada, e seria efetivamente poupada, se da necessidade de uma massa adicional de circulação monetária surgisse qualquer fricção. Todos sabeis que a circulação monetária deste país está repartida por dois grandes departamentos. Uma espécie (da circulação monetária), fornecida por notas de banco de diferentes tipos, é usada nas transações entre comerciantes e nos pagamentos maiores de consumidores e comerciantes, enquanto outra espécie de circulação monetária – moeda metálica – circula no comércio retalhista. Apesar de distintas, essas duas espécies de circulação monetária substituem-se uma à outra. Desse modo, a moeda de ouro, em uma muito grande medida, circula mesmo em pagamentos maiores de todas as pequenas somas abaixo de $ 5. Se amanhã fossem emitidas notas de $ 4 ou notas de $ 3, ou notas de $ 2, o ouro que enche esses canais de circulação seria imediatamente desviado deles e passaria a correr naqueles canais onde elas seriam necessárias pelo acréscimo de salários e dinheiro. Desse modo, o milhão adicional requerido por uma elevação de salários de 50% seria fornecido sem a adição de um único *sovereign*. O mesmo efeito poderia ser produzido, sem uma nota de banco adicional, por uma circulação adicional de letras de câmbio, como foi o caso no Lancashire por um tempo muito considerável.

Se um aumento geral na taxa de salários de, por exemplo, 100% – como o Cidadão Weston supôs que tivesse lugar nos salários agrícolas – produzisse um grande aumento nos preços dos meios de subsistência e, de acordo com as suas perspectivas, requeresse um montante adicional de circulação monetária que não poderia ser conseguido, *uma queda geral nos salários* tem de produzir o mesmo efeito, na mesma escala, em uma direção oposta. Bem! Todos sabeis que os anos de 1858 a 1860 foram os anos mais prósperos para a indústria do algodão e que, particularmente, o ano de 1860 permanece a esse respeito inigualado nos anais do comércio, enquanto, ao mesmo tempo, todos os outros ramos da indústria estavam altamente florescentes. Os salários dos operários do algodão e de todos os outros trabalhadores ligados ao seu comércio estavam, em 1860, mais altos do que alguma vez anteriormente. Veio a crise americana e esses salários totais foram subitamente reduzidos para cerca de um quarto do seu anterior montante. Isso teria sido, na direção oposta, um aumento de 300%. Se os salários sobem de 5 para 20, dizemos que sobem 300%; se baixam de 20 para 5, dizemos que baixam 75%, mas o montante do aumento, em um caso, e o montante da queda, no outro, seria o mesmo, a saber, 15 *Moedas*. Essa foi, então, uma mudança súbita, sem precedentes, na taxa de salários e, ao mesmo tempo, estendendo-se a um número de operários que – se contarmos todos os operários não apenas diretamente empregados pelo negócio do algodão, mas indiretamente dependentes dele – era maior, em mais de metade, do que o número de trabalhadores agrícolas. O preço do trigo caiu? Subiu da média anual de $ 47,33 por *quarter* durante os três anos de 1858-1860 para a média anual de 55,84 *Moedas* por *quarter* durante os três anos de 1861-1863. Quanto à massa de circulação monetária, foram cunhadas em moeda, em 1861, $ 8.673.232, contra $ 3.378.102 em 1860. Isto é, foram cunhadas mais $ 5.295.130 em 1861 do que em 1860. É verdade que a circulação de notas de banco foi, em 1861, de menos $ 1.319.000 do que em 1860. Descontemos isso. Fica ainda um excesso de circulação monetária para o ano de 1861, comparando com o ano de prosperidade – 1860 – no montante de $ 3.976.130, ou seja, cerca de $ 4.000.000; mas a reserva em barras no Banco de Inglaterra tinha simultaneamente decrescido, não bem na mesma proporção, mas em uma proporção aproximada.

Compare-se o ano de 1862 com o de 1842. Para além do imenso acréscimo no valor e montante das mercadorias circuladas, em 1862, só o capital pago em transações regulares sobre ações, empréstimos etc. para as estradas de ferro na Inglaterra e em Gales montou a $ 320.000.000, uma soma que teria parecido fabulosa em 1842. E, no entanto, os montantes totais de circulação monetária em 1862 e 1842 eram quase iguais e, em geral, verificar-se-ia uma tendência para uma diminuição progressiva da massa de circulação monetária em face de um valor enormemente crescente, não apenas de mercadorias mas de transações monetárias em geral. Do ponto de vista do nosso amigo Weston, este é um enigma insolúvel.

Indo um pouco mais fundo nessa matéria ele teria verificado que, salários à parte, e supondo-os fixos, o valor e a massa das mercadorias a serem circuladas e, na generalidade, o montante de transações monetárias a realizar variam diariamente; que o montante de notas de banco emitidas varia diariamente; que o montante de pagamentos realizados sem a intervenção de qualquer dinheiro, por intermédio de letras de câmbio, cheques, créditos escriturais, *clearing houses*,[15] varia diariamente; que, na medida em que é requerida a efetiva circulação monetária metálica, a proporção entre moeda em circulação e moeda e barras em reserva ou adormecida nos cofres dos bancos varia diariamente; que o montante de barras absorvido pela circulação nacional e o montante enviado para o estrangeiro para circulação internacional variam diariamente. Ele teria verificado que o seu dogma da massa de circulação

---

15. Câmaras de compensação. A *clearing house* é uma instituição bancária londrina na qual cheques e letras são trocados, sendo apenas pagos em dinheiro os saldos finais. (N.E.)

monetária fixa é um erro monstruoso, incompatível com o movimento de todos os dias. Ele teria inquirido das leis que habilitam a massa de circulação monetária a adaptar-se a circunstâncias tão continuamente em mutação, em vez de transformar a sua errada concepção das leis da circulação monetária em um argumento contra o aumento dos salários.

IV
Oferta e procura

O nosso amigo Weston aceita o provérbio latino segundo o qual *repetitio est mater studiorum*, isto é, a "repetição é a mãe do estudo", e, consequentemente, volta a repetir o seu dogma original sob a nova forma de que a contração da massa de circulação monetária, resultante de uma elevação de salários, produziria uma diminuição de capital etc. Tendo tratado já da sua bizarria quanto à massa de circulação monetária, considero completamente inútil entrar nas consequências imaginárias que ele julga decorrerem da sua imaginária desgraça da circulação monetária. Passarei imediatamente a reduzir o seu *dogma – um só e o mesmo –* repetido em tantas configurações diferentes, à sua forma teórica mais simples.

A maneira acrítica como ele tratou o seu tema tornar-se-á evidente por uma única observação. Ele insurge-se contra um aumento de salários ou contra salários altos como resultado de um tal aumento. Agora, pergunto-lhe: o que são salários altos e o que são salários baixos? Por que é que, por exemplo, 5 *Moedas* por semana constitui um salário baixo e 20 *Moedas* por semana um salário alto? Se 5 é baixo comparado com 20, 20 é ainda mais baixo se comparado com 200. Se alguém tivesse de dar uma lição sobre o termômetro e começasse por declarar sobre os graus altos e baixos, não comunicaria conhecimento algum. Primeiro tinha de me dizer como se acha o ponto de congelamento e como se acha o ponto de ebulição e como esses dois pontos-padrão são estabelecidos por leis naturais e não pela fantasia dos vendedores ou dos fabricantes de termômetros. Ora, no que respeita a salários e lucros, o Cidadão Weston não apenas não conseguiu deduzir semelhantes pontos-padrão de leis econômicas como nem sequer sentiu a necessidade de as procurar. Satisfez-se com a aceitação dos termos de calão popular de baixo e alto como algo detentor de um significado fixo, apesar de ser por si evidente que os salários só podem ser ditos altos ou baixos quando comparados com um padrão pelo qual as suas grandezas são medidas.

Ele será incapaz de me dizer por que um certo montante de dinheiro é dado em troca de um certo montante de trabalho. Se ele me respondesse: "Isso foi estabelecido pela lei da oferta e da procura", eu perguntar-lhe-ia, em uma primeira instância, por que lei a oferta e a procura são elas próprias reguladas. E uma tal resposta pô-lo-ia imediatamente fora de combate. As relações entre a oferta e a procura de trabalho sofrem uma perpétua mudança e com ela os preços de mercado do trabalho. Se a procura excede a oferta, os salários sobem; se a oferta excede a procura, os salários afundam-se, apesar de, em tais circunstâncias, poder ser necessário *testar* o estado real da procura e da oferta, por exemplo, por meio de uma greve ou de qualquer outro método. Mas, se se aceita a oferta e a procura como a lei que regula os salários, seria tão infantil como inútil declamar contra um aumento de salários, porque, de acordo com a lei suprema para que se apela, um aumento periódico de salários é perfeitamente tão necessário e legítimo quanto uma queda periódica de salários. Se se *não* aceita a oferta e a procura como a lei que regula os salários, volto a repetir a pergunta: por que um certo montante de dinheiro é dado em troca de um certo montante de trabalho?

Mas, considerando os assuntos de um modo mais amplo: estar-se-ia completamente errado ao imaginar que o valor do trabalho ou de qualquer outra mercadoria é, em último lugar, fixado pela oferta e pela procura. A oferta e a procura não regulam senão as *flutuações* temporárias dos preços de mercado. Explicar-nos-ão por que o preço de mercado de uma mercadoria sobe acima ou desce abaixo do seu *valor*, mas nunca podem dar conta desse próprio valor. Suponhamos que a oferta e a procura se equilibram ou, como os economistas lhe chamam, se cobrem uma à outra. Ora bem, no preciso momento em que essas forças opostas se tornam iguais, paralisam-se uma à outra e deixam de trabalhar em uma ou na outra direção. No momento em que a oferta e a procura se equilibram uma à outra e, portanto, deixam de agir, o preço de *mercado* de uma mercadoria coincide como o seu *valor real*, com o preço-padrão à volta do qual os seus preços de mercado oscilam. Ao inquirir da natureza desse *valor*, não temos, portanto, nada a ver com os efeitos temporários da oferta e da procura sobre os preços de mercado. O mesmo é verdade para os salários e para os preços de todas as outras mercadorias.

V
Salário e preço

Reduzidos à sua expressão teórica mais simples, todos os argumentos do nosso amigo se resumem neste único dogma: *"Os preços das mercadorias são determinados ou regulados pelos salários."*.

Eu poderia apelar à observação prática para que testemunhe contra essa falácia antiquada e estafada. Eu poderia dizer-vos que os operários fabris, mineiros, operários da construção naval etc., ingleses, cujo trabalho tem relativamente um preço alto, vencem pelo menor preço do seu produto todas as outras nações; enquanto o trabalhador agrícola inglês, por exemplo, cujo trabalho tem relativamente um preço baixo, é vencido por quase todas as outras nações por causa da carestia do seu produto. Comparando artigo com artigo no mesmo país e as mercadorias de diferentes países, poderia mostrar que, à parte algumas exceções mais aparentes do que reais, em média, o trabalho a alto preço produz as mercadorias a baixo preço e que o trabalho a baixo preço produz as mercadorias a alto preço. É claro que isso não provaria que o preço alto do trabalho, em uma instância, e o seu baixo preço, na outra, são as causas respectivas desses efeitos diametralmente opostos, mas em todo o caso provaria que os preços das mercadorias não são regidos pelos preços do trabalho. Todavia, é perfeitamente supérfluo para nós empregar esse método empírico.

Poderia talvez negar-se que o Cidadão Weston tenha avançado o dogma: *"Os preços das mercadorias são determinados ou regulados pelos salários."*. Efetivamente, ele nunca o formulou. Disse, pelo contrário, que o lucro e a renda também formam partes constituintes dos preços das mercadorias, porque é dos preços das mercadorias que não apenas os salários dos operários mas também os lucros do capitalista e as rendas do proprietário fundiário têm de ser pagos. Mas, na ideia dele, como é que os preços são formados? Primeiro, pelos salários. Depois, uma porcentagem adicional é juntada ao preço em proveito do capitalista e outra porcentagem adicional em proveito do proprietário fundiário. Suponhamos que o salário do trabalho empregado na produção de uma mercadoria seja 10. Se a taxa de lucro for de 100%, aos salários avançados o capitalista acrescentaria 10 e, se a taxa de renda fosse também de 100% sobre o salário, seriam acrescentados mais 10, e o preço total da mercadoria montaria a 30. Mas semelhante determinação dos preços seria simplesmente a sua determinação pelos salários. Se os salários, no caso referido, subissem para 20, o preço da mercadoria subiria para 60 e assim sucessivamente. Em consequência, todos os escritores de economia política ultrapassados que propuseram o dogma de que os salários regulavam os preços tentaram prová-lo tratando o lucro e a renda como *meras porcentagens adicionais sobre os salários*. Claro que nenhum deles foi capaz de reduzir os limites dessas porcentagens a qualquer lei econômica. Pelo contrário, pareciam pensar que os lucros eram estabelecidos pela tradição, pelo costume, pela vontade do capitalista ou por algum outro método igualmente arbitrário e inexplicável. Se afirmam que eles são estabelecidos pela concorrência entre os capitalistas, não explicam absolutamente nada. É seguro que essa concorrência igualiza as diferentes taxas de lucro em diferentes negócios ou as reduz a um nível médio, mas nunca pode determinar o próprio nível ou a taxa geral de lucro.

O que queremos significar ao dizer que os preços das mercadorias são determinados pelo salário? Não sendo o salário mais do que um nome para o preço do trabalho, queremos significar que os preços das mercadorias são regulados pelo preço do trabalho. Como *"preço"* é valor de troca (*exchangeable value*) – e, ao falar de valor, falo sempre de valor de troca –, é *valor* de troca *expresso em dinheiro*, a proposição vem a dar nisto: *"o valor das mercadorias é determinado pelo valor do trabalho"* ou *"o valor do trabalho é a medida geral do valor"*.

Mas, então, como é que o *"valor do trabalho"* é ele próprio determinado? Aqui chegamos a um ponto morto. Claro, a um ponto morto se tentarmos raciocinar logicamente. Todavia, os proponentes dessa doutrina ligam pouco a escrúpulos lógicos. Olhem o nosso amigo Weston, por exemplo. Primeiro, disse-nos que os salários regulam o preço das mercadorias e que, consequentemente, quando os salários sobem os preços têm de subir. Depois, deu uma volta para mostrar que um aumento de salários não servirá de nada, porque os preços das mercadorias tinham subido e porque os salários eram, de fato, medidos pelos preços das mercadorias em que são gastos. Desse modo, começamos por dizer que o valor do trabalho determina o valor das mercadorias e rematamos dizendo que o valor das mercadorias determina o valor do trabalho. Movemo-nos e removemo-nos, desse modo, no círculo mais vicioso e não chegamos a qualquer conclusão.

No conjunto, é evidente que ao fazer do valor de uma mercadoria – digamos, o trabalho, o cereal ou qualquer outro produto – a medida geral e o regulador do valor, apenas deslocamos a dificuldade, uma vez que determinamos um valor por outro que, por seu lado, precisa ser determinado.

O dogma de que "os salários determinam os preços das mercadorias", expresso nos seus termos mais abstratos, vem a dar nisto: "o valor é determinado pelo valor", e essa tautologia significa que, de fato, não sabemos absolutamente nada do valor. Ao aceitar essa premissa, todo o raciocínio acerca das leis gerais da economia política transforma-se em mera palração. Foi, portanto, grande mérito de Ricardo ter, na sua obra *On The Principles of Political Economy*, publicada em 1817, fundamentalmente destruído a velha, popularizada e gasta falácia de que "os salários determinam os preços", uma falácia que Adam Smith e os seus predecessores franceses tinham repudiado nas partes realmente científicas das suas investigações, mas que reproduziram nos seus capítulos mais exotéricos e vulgarizadores.

VI
Valor e trabalho

Cidadãos, cheguei agora a um ponto em que tenho de entrar no desenvolvimento real da questão. Não posso prometer que o farei de um modo muito satisfatório, porque para o fazer seria obrigado a percorrer todo o campo da economia política. Não posso senão, como diriam os franceses, *effleurer la question*, tocar nos pontos principais.

A primeira pergunta que temos de pôr é: o que é o *valor* de uma mercadoria e como ele é determinado?

À primeira vista, pareceria que o valor de uma mercadoria é uma coisa muito *relativa* e que não pode ser estabelecido sem considerar uma mercadoria nas suas relações com todas as outras mercadorias. De fato, ao falar do valor, do valor de troca (*value in exchange*) de uma mercadoria, queremos significar as quantidades proporcionais em que ela se troca com todas as outras mercadorias. Mas, então, surge a questão: como estão reguladas as proporções em que as mercadorias se trocam umas pelas outras?

Sabemos por experiência que essas proporções variam infinitamente. Tomando uma única mercadoria – o trigo, por exemplo –, verificaremos que um *quarter* de trigo se troca, em variações de proporção quase sem conta, por diferentes mercadorias. Todavia, *permanecendo o seu valor sempre o mesmo*, se expresso em seda, ouro ou qualquer outra mercadoria, tem de ser algo de distinto e independente dessas *diferentes taxas de troca* com diferentes artigos. Tem de ser possível expressar, em uma forma muito diferente, essas várias equações com várias mercadorias.

Além disso, se eu disser que um *quarter* de trigo se troca por ferro em uma certa proporção, ou que o valor de um *quarter* de trigo é expresso em um certo montante de ferro, digo que o valor do trigo e o seu equivalente em ferro são iguais a *uma terceira coisa*, que não é nem trigo, nem ferro, porque eu suponho que eles expressam a mesma grandeza em duas formas diferentes. Cada um deles, o trigo ou o ferro, tem, portanto, independentemente do outro, de ser redutível a essa terceira coisa que é sua medida comum.

Para elucidar esse ponto recorrerei a uma ilustração geométrica muito simples. Ao comparar as áreas de triângulos de todas as formas e grandezas possíveis, ou ao comparar triângulos com retângulos ou qualquer outra figura retilínea, como procedemos? Reduzimos a área de um qualquer triângulo a uma expressão muito diferente da sua forma visível. Tendo achado, a partir da natureza do triângulo, que a sua área é igual à metade do produto da sua base pela sua altura, podemos então comparar os diferentes valores de todas as espécies de triângulos e de todas e quaisquer figuras retilíneas, porque todas elas podem ser resolvidas em um certo número de triângulos.

O mesmo modo de proceder tem de se aplicar aos valores das mercadorias. Temos de ser capazes de reduzir todos eles a uma expressão comum a todos, distinguindo-os apenas pelas proporções em que contêm essa medida idêntica.

Como os *valores de troca* (*exchangeable values*) das mercadorias são apenas *funções sociais* dessas coisas e não têm absolutamente nada a ver com as suas qualidades *naturais*, temos de perguntar, em primeiro lugar: qual é a *substância social* comum de todas as mercadorias? É o *trabalho*. Para produzir uma mercadoria, um certo montante de trabalho tem de ser posto nela ou nela aplicado. E não digo apenas *trabalho*, mas *trabalho social*. Um homem que produz um artigo para seu próprio uso imediato, para ele próprio consumi-lo, cria um *produto*, mas não uma *mercadoria*. Como produtor que sustenta a si próprio, não tem nada a ver com a sociedade. Mas, para produzir uma *mercadoria*, um homem não tem apenas de produzir um artigo que satisfaça alguma necessidade *social*, o seu próprio trabalho tem de ser parte integrante da soma total de trabalho gasta pela sociedade. Tem de estar subordinado à *divisão do trabalho no interior da sociedade*. Não é nada sem as outras divisões do trabalho e, pela sua parte, é requerido para *integrá-las*.

Se consideramos as *mercadorias como valores*, consideramo-las exclusivamente sob o único aspecto de *trabalho social realizado*, *fixado* ou, se se quiser, *cristalizado*. Sob esse aspecto, podem *diferir* apenas por representarem quantidades maiores ou menores de trabalho, como, por exemplo, por poder ser empregado em um lenço de seda um maior montante de trabalho do que em um tijolo. Mas, como é que se medem *quantidades de trabalho*? Pelo *tempo que o trabalho dura*, medindo o trabalho à hora, ao dia etc. Claro que para aplicar essa medida todas as espécies de trabalho são reduzidas ao trabalho médio ou simples como sua unidade.

Chegamos, portanto, a esta conclusão. Uma mercadoria tem um *valor* porque é uma *cristalização de trabalho social*. A *grandeza* do seu valor, do seu valor *relativo*, depende do maior ou menor montante dessa substância social contida nela, isto é, da massa relativa de trabalho necessário para a sua produção. Os *valores relativos das mercadorias* são, portanto, determinados pelas *quantidades ou montantes respectivos de trabalho empregado, realizado, fixado* nelas. As quantidades *correlativas* de mercadorias que podem ser produzidas no *mesmo tempo de trabalho são iguais*. Ou: o valor de uma mercadoria está para o valor de outra mercadoria como a quantidade de trabalho fixado em uma está para a quantidade de trabalho fixado na outra.

Suspeito que muitos de vós perguntareis: Haverá, então, na verdade, uma diferença tão grande, ou alguma diferença, entre determinar os valores das mercadorias pelos *salários* e determiná-los pelas *quantidades relativas de trabalho* necessário à sua produção? Tendes, no entanto, de estar cientes de que a *retribuição* do trabalho e a *quantidade* do trabalho são coisas muito díspares. Suponhamos, por exemplo, que *quantidades iguais de trabalho* estão fixadas em um *quarter* de trigo e em uma onça[16] de ouro. Recorro a esse exemplo porque foi usado por Benjamin Franklin no seu primeiro ensaio, publicado em 1729, e intitulado A Modest Enquiry into the Nature and Necessity of a Paper Currency,[17] em que ele foi um dos primeiros a acertar na verdadeira natureza do valor. Bom. Suponhamos, então, que um *quarter* de trigo e uma onça de ouro são *valores iguais* ou *equivalentes*, porque são *cristalizações de montantes iguais de trabalho médio*, de tantos dias ou tantas semanas de trabalho respectivamente fixados nele. Ao determinar, desse modo, os valores relativos do ouro e do cereal, estaremos de alguma maneira a nos referir aos *salários* do trabalhador agrícola e do mineiro? Nem um bocadinho. Deixamos completamente *indeterminado como* é que o seu dia ou a sua semana de trabalho foram pagos ou mesmo se foi empregado trabalho assalariado. Se foi, os salários podem ter sido muito desiguais. O trabalhador cujo trabalho está realizado no *quarter* de trigo pode ter

---

16. Medida inglesa de peso, equivalente a 28,349 gramas.
17. Edição de J. Sparks, Boston, 1836, v. 2.

recebido por isso apenas o correspondente a dois *bushels*[18] e o trabalhador empregue na mineração pode receber metade da onça de ouro. Ora, supondo que os seus salários eram iguais, eles podem desviar-se em todas as proporções possíveis dos valores das mercadorias por eles produzidas. Podem montar a metade, um terço, um quarto, um quinto ou qualquer outra parte proporcional do *quarter* de cereal ou da onça de ouro. Claro que os seus salários não podem *exceder*, não podem ser *superiores* aos valores das mercadorias que produziram, mas podem ser *inferiores* em todos os graus possíveis. Os seus *salários* estarão *limitados* pelos *valores* dos produtos, mas os *valores dos seus produtos* não estarão limitados pelos salários. E, acima de tudo, os valores relativos do cereal e do ouro, por exemplo, terão sido estabelecidos sem se ter em nenhuma conta o valor do trabalho empregue, isto é, o *salário*. Determinar os valores das mercadorias pelas *quantidades relativas de trabalho fixado nelas é*, portanto, uma coisa completamente diferente do método tautológico de determinar os valores das mercadorias pelo valor do trabalho ou pelo *salário*. Este ponto, contudo, será mais elucidado na continuação da nossa investigação.

Ao calcular o valor de troca de uma mercadoria, temos de juntar à quantidade de trabalho *em último lugar* empregado a quantidade de trabalho previamente aplicado na matéria-prima da mercadoria e o trabalho posto nas ferramentas, utensílios, maquinaria e instalações pelos quais esse trabalho é auxiliado. Por exemplo, o valor de um certo montante de fio de algodão é a cristalização da quantidade de trabalho acrescentado ao algodão durante o processo de fiação, a quantidade de trabalho previamente realizado no próprio algodão, a quantidade de trabalho realizado no carvão, no óleo e em outras substâncias auxiliares usadas, a quantidade de trabalho fixado na máquina a vapor, nos fusos, nas instalações da fábrica etc. Os instrumentos de produção propriamente ditos, como utensílios, maquinaria, instalações, servem constantemente por um período maior ou menor durante repetidos processos de produção. Se fossem consumidos imediatamente, como a matéria-prima, todo o seu valor seria imediatamente transferido para as mercadorias que ajudam a produzir. Mas, como um fuso, por exemplo, só gradualmente é consumido, faz-se um cálculo médio, baseado no tempo médio que ele dura e no desgaste médio do seu uso durante um certo período, diga-

---

18. Alqueires.

mos, um dia. Desse modo, calculamos quanto do valor do fuso é transferido para o fio diariamente fiado e quanto, portanto, do montante total do trabalho realizado em um quilo de fio, por exemplo, é devido à quantidade de trabalho previamente realizado no fuso. Para o nosso presente objetivo não é necessário insistir mais tempo nesse ponto.

Poderia parecer que, se o valor de uma mercadoria é determinado pela *quantidade de trabalho posto na sua produção*, quanto mais desajeitado se for, mais valiosa se torna a mercadoria, porque é maior o tempo de trabalho requerido para acabar a mercadoria. Isso seria, no entanto, um erro lamentável. Recordar-vos-eis que usei a expressão *"trabalho social"*, e são muitos os aspectos envolvidos nessa qualificação de *"social"*. Ao dizer que o valor de uma mercadoria é determinado pela *quantidade de trabalho* aplicado ou cristalizado nela, significamos a *quantidade de trabalho necessário* para a sua produção em um dado estado da sociedade, em certas condições sociais médias de produção, com uma dada intensidade social média e habilidade média do trabalho empregado. Quando, na Inglaterra, o tear a vapor (*power loom*) começou a fazer concorrência ao tear manual, somente metade do anterior tempo de trabalho passou a ser requerido para converter um dado montante de fio em uma jarda de algodão ou de tecido. O pobre tecelão manual trabalhava agora 17 ou 18 horas por dia, em vez das 9 ou 10 horas que antes tinha trabalhado. E ainda assim o produto de 20 horas do seu trabalho representava agora apenas 10 horas sociais de trabalho ou 10 horas de trabalho socialmente necessário para a conversão de um certo montante de fio em material têxtil. O seu produto de 20 horas não tinha, portanto, mais valor do que o seu anterior produto de 10 horas. Se, então, a quantidade de trabalho socialmente necessário realizado nas mercadorias regula os seus valores de troca, todo o acréscimo na quantidade de trabalho requerido para a produção de uma mercadoria tem de aumentar o seu valor, assim como toda a diminuição tem de o baixar.

Se as quantidades respectivas de trabalho necessário para a produção das respectivas mercadorias permanecessem constantes, os seus valores relativos seriam também constantes. Mas não é esse o caso. A quantidade de trabalho necessário para a produção de uma mercadoria muda continuamente com as mudanças nas forças produtivas do trabalho empregado. Quanto maior for a força produtiva de trabalho, mais produto é acabado em um dado tempo de trabalho; e quanto menores forem as forças produtivas de trabalho, menos produto é acabado no mesmo tempo. Se, por exemplo, com o crescimento da população, se tornasse necessário cultivar solos menos férteis, o mesmo montante de produto só seria alcançado por um montante de trabalho gasto maior, e o valor do produto agrícola, consequentemente, subiria. Por outro lado, se, com os modernos meios de produção, um único fiandeiro converte em fio, durante um dia de trabalho, muitos milhares de vezes mais o montante de algodão que ele poderia ter fiado durante o mesmo tempo com a roda de fiar, é evidente que cada quilo de algodão absorverá muitos milhares de vezes menos trabalho de fiação do que anteriormente e, por consequência, o valor acrescentado pela fiação a cada quilo de algodão será mil vezes menor do que antes. Em conformidade, o valor do fio afundar-se-á.

Afora as diferentes energias naturais e as aptidões de trabalho adquiridas dos diferentes povos, as forças produtivas de trabalho têm de depender principalmente:

— *Em primeiro lugar*: das condições *naturais* do trabalho, tais como a fertilidade do solo, minas etc.
— *Em segundo lugar*: da melhoria progressiva das *forças sociais do trabalho*, tal como derivam da produção em grande escala, da concentração de capital e da combinação do trabalho, da subdivisão do trabalho, da maquinaria, de métodos aperfeiçoados, da aplicação de agentes químicos e de outros agentes naturais, do encurtamento do tempo e do espaço por meios de comunicação e transporte e de todas as outras invenções pelas quais a ciência obriga os agentes naturais a estarem ao serviço do trabalho e pelas quais o caráter social ou cooperativo do trabalho se desenvolve. Quanto maiores são as forças produtivas de trabalho, menor é o trabalho posto em um dado montante de produto; portanto, menor o valor desse produto. Quanto menores são as forças produtivas de trabalho, mais trabalho é posto no mesmo montante de produto; portanto, maior o seu valor. Como uma lei geral podemos, por conseguinte, estabelecer que: Os valores das mercadorias são diretamente proporcionais aos tempos de trabalho empregue na sua produção e são inversamente proporcionais às forças produtivas do trabalho empregado.

Tendo até agora falado apenas do *valor*, acrescentarei algumas palavras acerca do *preço*, que é uma forma peculiar assumida pelo valor.

O *preço*, tomado em si mesmo, não é senão a *expressão monetária do valor*. Os valores de todas as mercadorias deste país, por exemplo, são expressos em preços-ouro, enquanto no Continente são expressos principalmente em preços-prata. O valor do ouro ou da prata, como o de todas as outras mercadorias, é regulado pela quantidade de trabalho necessário para os obter. Troca-se um certo montante de produtos nacionais, nos quais está cristalizado certo montante de trabalho nacional, pelo produto dos países que produzem ouro e prata, no qual está cristalizada uma certa quantidade do *seu* trabalho. É desse modo – de fato, por troca – que se aprende a expressar em ouro e prata os valores de todas as mercadorias, isto é, as quantidades respectivas de trabalho posto nelas. Olhando algo mais de perto para a *expressão monetária do valor* ou – o que vem a dar no mesmo – para a conversão do valor em preço, verifica-se que é um processo pelo qual se dá aos *valores* de todas as mercadorias uma *forma independente e homogênea* ou por que se os expressa como quantidades de igual trabalho social. Na medida em que não é senão a expressão monetária do valor, o preço foi chamado *preço natural* por Adam Smith, *prix nécessaire* pelos fisiocratas franceses.

Qual é, então, a relação entre *valor e preços de mercado* ou entre *preços naturais e preços de mercado*? Todos sabeis que o *preço de mercado* é o mesmo para todas as mercadorias do mesmo gênero, ainda que as condições de produção possam diferir para os produtores individuais. O preço de mercado expressa apenas o *montante médio de trabalho social* necessário, em condições médias de produção, para fornecer o mercado de uma certa massa de um certo artigo. É calculado sobre o total de uma mercadoria de um certo tipo.

Até aqui, o *preço de mercado* de uma mercadoria coincide com o seu *valor*. Por outro lado, as oscilações dos preços de mercado – ora subindo acima do valor ou preço natural, ora descendo abaixo dele – dependem das flutuações da oferta e procura. Os desvios dos preços de mercado relativamente aos valores são contínuos, mas como Adam Smith diz:

> O preço natural (...) é o preço central, em torno do qual os preços de todas as mercadorias estão continuamente a gravitar. Diferentes acidentes podem, por vezes, mantê-los suspensos bastante acima dele e, por vezes, forçá-los a descer mesmo um pouco abaixo dele. Mas, quaisquer que pos-

sam ser os obstáculos que os impedem de se estabelecer nesse centro de repouso e permanência, estão constantemente a tender para ele.[19]

Não posso agora passar essa matéria pelo crivo. É suficiente dizer que se a oferta e a procura se equilibrarem, os preços de mercado das mercadorias corresponderão aos seus preços naturais, isto é, aos seus valores, tal como são determinados pelas quantidades respectivas de trabalho requerido para a sua produção. Mas, a oferta e a procura *têm* constantemente de tender a equilibrar-se uma à outra, ainda que só o façam compensando uma flutuação por outra, um aumento por uma queda e *vice-versa*. Se, em vez de se considerar apenas as flutuações diárias, se analisar o movimento dos preços de mercado durante períodos mais longos – como, por exemplo, o Sr. Tooke fez na sua *History of Prices* –, verificar-se-á que as flutuações dos preços de mercado, os seus desvios relativamente aos valores, os seus aumentos e as suas quedas, se neutralizam e compensam umas às outras; de tal modo que – excetuando o efeito dos monopólios e algumas outras modificações que tenho agora de deixar de lado – todos os tipos de mercadorias são, em média, vendidos aos seus respectivos *valores* ou preços naturais. Os períodos médios durante os quais as flutuações dos preços de mercado se compensam umas às outras são diferentes para os diferentes gêneros de mercadorias, porque com um gênero é mais fácil de adaptar a oferta à procura do que com outro.

Se, então – falando em termos gerais e abarcando períodos algo mais longos –, todos os tipos de mercadorias se vendem pelos seus respectivos valores, é um disparate supor que o lucro – não em casos individuais, mas os lucros constantes e habituais dos diferentes negócios – deriva de se *sobrecarregar* os preços das mercadorias ou de as vender a um preço superior e acima de seu *valor*. O absurdo dessa noção torna-se evidente se ela for generalizada. O que um homem constantemente ganharia como vendedor perdê-lo-ia tão constantemente como comprador. De nada serviria dizer que há homens que são compradores sem serem vendedores ou consumidores sem serem produtores. O que essa gente paga aos produtores teria primeiro de obter deles de graça. Se um homem primeiro toma o vosso dinheiro e depois devolve esse dinheiro ao comprar-vos mercadorias, nunca vos enriquecereis por vender as

---

19. Smith, Adam. *A Riqueza das Nações*. São Paulo: Abril Cultural, 1983.

vossas mercadorias demasiado caras a esse mesmo homem. Essa espécie de transação poderia diminuir uma perda, mas nunca ajudaria a realizar um lucro.

Portanto, para explicar a *natureza geral dos lucros*, tem de partir-se do teorema de que, em média, as mercadorias são *vendidas pelo seu valor real e de que os lucros derivam de as vender pelos seus valores*, isto é, na proporção da quantidade de trabalho realizado nelas. Se não se for capaz de explicar o lucro nessa suposição é-se completamente incapaz de o explicar. Isso parece paradoxal e contrário à observação de todos os dias. Também é paradoxal que a Terra se mova à volta do Sol e que a água consista em dois gases altamente inflamáveis. A verdade científica é sempre paradoxal, se julgada pela experiência de todos os dias, que apenas apanha a aparência enganadora das coisas.

VII
Força de trabalho

Tendo analisado agora, tanto quanto é possível analisar de uma maneira tão rápida, a natureza do *valor*, do *valor de qualquer mercadoria que seja*, temos de voltar a nossa atenção para o *valor* específico *do trabalho*. E também aqui tenho de vos espantar com um aparente paradoxo. Todos vós estais seguros de que o que diariamente vendeis é o vosso *trabalho*, de que, portanto, o *trabalho* tem um *preço* e de que, sendo o preço de uma mercadoria apenas a expressão monetária do seu valor, tem certamente de existir algo como o *valor do trabalho*. Contudo, uma coisa tal como o *valor do trabalho* na acepção comum da palavra não existe. Vimos que o montante de trabalho necessário cristalizado em uma mercadoria constitui o seu valor. Agora, aplicando essa noção de valor, como poderíamos definir, digamos, o valor de um dia de trabalho de 10 horas? Quanto trabalho está contido nesse dia? 10 horas de trabalho. Dizer que o valor de um dia de trabalho de 10 horas é igual a 10 horas de trabalho, ou à quantidade de trabalho contido nele, seria uma expressão tautológica e, mais do que isso, uma expressão disparata. Claro que, uma vez tendo descoberto o verdadeiro mas oculto sentido da expressão "*valor do trabalho*", seremos capazes de interpretar essa irracional e aparentemente impossível aplicação do valor, do mesmo modo que, uma vez tendo-nos assegurado do movimento real dos corpos celestes, seremos capazes de explicar os seus movimentos aparentes ou meramente fenomenais.

O que o operário vende não é diretamente o seu *trabalho*, mas a sua *força de trabalho* (*labouring power*), transferindo para o capitalista a disposição temporária dela. É tanto assim o caso que não sei se de acordo com as leis inglesas, mas certamente de acordo com algumas leis continentais, está fixado o *tempo máximo* pelo qual um homem está autorizado a vender a sua força de trabalho. Se autorizado a fazê-lo por qualquer período indefinido, a escravatura seria imediatamente restaurada. Uma tal venda, se compreendesse, por exemplo, a duração da sua vida, fá-lo-ia imediatamente escravo do seu patrão por toda a vida.

Um dos mais antigos economistas e dos mais originais filósofos de Inglaterra, Thomas Hobbes, no seu *Leviatã*[20], já acertara instintivamente nesse ponto, descurado por todos os seus sucessores. Diz ele:

> *O valor ou valia (value or worth) de um homem é, como para todas as outras coisas, o seu preço: isto é, tanto quanto seria dado pelo Uso do seu Poder.*

Partindo dessa base, seremos capazes de determinar o *valor do trabalho* como o de todas as outras mercadorias.

Mas, antes de o fazermos, poderíamos perguntar como surge esse fenômeno estranho de encontrarmos no mercado um conjunto de compradores – possuidores de terra, de maquinaria, de matéria-prima e de meios de subsistência, coisas que, todas elas, salvo a terra no seu estado bruto, são *produtos do trabalho* – e, por outro lado, um conjunto de vendedores, que não têm nada para vender exceto a sua força de trabalho, os seus braços e cérebros que trabalham? De que um conjunto compra continuamente em ordem a ter lucro e a enriquecer-se, enquanto o outro conjunto continuamente vende em ordem a ganhar a vida? A investigação sobre essa questão seria uma investigação sobre aquilo a que os economistas chamam *acumulação prévia ou original*, mas que deve ser chamada *expropriação original*. Verificamos que esta chamada *acumulação original* não significa senão uma série de processos históricos, resultantes em uma *decomposição da união original* existente entre o *homem trabalhador* e os seus *instrumentos de trabalho*. Semelhante investigação, contudo, fica para além dos limites do meu assunto presente. Uma vez estabelecida a separação entre o *homem de trabalho* e os *instrumentos de trabalho*, semelhante estado de coisas manter-se-á e reproduzir-se-á em uma escala constantemente crescente, até que uma nova e fundamental revolução no modo de produção o derrube de novo e restaure a união original em uma forma histórica nova.

Que é, então, o valor da *força de trabalho*?

Como o de qualquer outra mercadoria, o seu valor é determinado pela quantidade de trabalho necessário para a produzir. A força de tra-

---

20. Obra publicada pela Edipro.

balho de um homem existe apenas na sua individualidade viva. Uma certa massa de meios de subsistência tem de ser consumida por um homem para crescer e manter a vida. Mas o homem, tal como a máquina, desgastar-se-á e terá de ser substituído por outro homem. Para além da massa de meios de subsistência requerida para a *sua própria* manutenção, ele necessita de outro montante de meios de subsistência para criar uma certa quantidade de filhos, que irão lhe substituir no mercado de trabalho e perpetuar a existência dos trabalhadores. Além disso, para desenvolver a sua força de trabalho e adquirir uma dada habilidade, tem de ser despendido um outro montante de valores. Para o nosso propósito, basta considerar apenas o trabalho *médio* cujos custos de educação e desenvolvimento são grandezas ínfimas. Mesmo assim, tenho de aproveitar esta ocasião para afirmar que, assim como os custos de produzir forças de trabalho de diferente qualidade diferem, também têm de diferir os valores das forças de trabalho empregues em diferentes negócios. A exigência de uma *igualdade de salários* assenta, portanto, em um erro; é um desejo *insensato* que nunca será realizado. É um descendente daquele radicalismo falso e superficial que aceita premissas e tenta fugir às conclusões. Na base do sistema de salários, o valor da força de trabalho é estabelecido como o de toda a outra mercadoria; e, como diferentes espécies de força de trabalho têm diferentes valores, ou requerem diferentes quantidades de trabalho para a sua produção, *têm* de alcançar diferentes preços no mercado de trabalho. Clamar por *retribuição igual ou mesmo equitativa* na base do sistema de salários é o mesmo que clamar por *liberdade* na base do sistema de escravatura. O que pensais que é justo ou equitativo está fora de questão. A questão é: o que é necessário e inevitável com um dado sistema de produção?

Depois do que foi dito, ver-se-á que o *valor da força de trabalho* é determinado pelo *valor dos meios de subsistência* requeridos para produzir, desenvolver, manter e perpetuar a força de trabalho.

VIII
Produção da mais-valia

Suponhamos agora que o montante médio dos meios de subsistência diários de um trabalhador requeira 6 *horas de trabalho médio* para a sua produção. Suponhamos, além disso, que 6 horas de trabalho médio estejam também realizadas em uma quantidade de ouro igual a 3 *Moedas*. Então, 3 *Moedas* seria o *preço* ou a expressão monetária do *valor diário da força de trabalho* desse homem. Se trabalhasse diariamente 6 horas, produziria diariamente um valor suficiente para comprar o montante médio dos seus meios de subsistência diários ou para manter a si próprio como trabalhador.

Mas o nosso homem é um trabalhador assalariado. Tem, portanto, de vender a sua força de trabalho a um capitalista. Se a vender a 3 *Moedas* por dia ou a 18 *Moedas* por semana, vende-a pelo seu valor. Suponhamos que ele seja um fiandeiro. Se ele trabalhar 6 horas por dia acrescentará ao algodão um valor de 3 *Moedas* por dia. Esse valor, diariamente acrescentado por ele, seria um equivalente exato do salário ou do preço da sua força de trabalho, diariamente recebidos. Mas, nesse caso, nenhuma *mais-valia* ou nenhum *sobreproduto* iria para o capitalista. Chegamos, então, aqui, à dificuldade.

Ao comprar a força de trabalho do operário e ao pagar o seu valor, o capitalista, como qualquer outro comprador, adquiriu o direito de consumir ou usar a mercadoria comprada. Consome-se ou usa-se a força de trabalho de um homem fazendo-o trabalhar, tal como se consome ou usa a máquina fazendo-a funcionar. Ao pagar o valor diário ou semanal da força de trabalho do operário, o capitalista adquiriu, portanto, o direito de usar ou de fazer laborar essa força de trabalho durante *todo o dia* ou *toda a semana*. O dia de trabalho ou a semana de trabalho têm, é claro, certos limites – mais adiante considerá-los-emos mais de perto.

Por agora, quero chamar a vossa atenção para um ponto decisivo.

O *valor* da força de trabalho é determinado pela quantidade de trabalho necessário para manter ou reproduzir, mas o *uso* dessa força de trabalho está apenas limitado pelas energias ativas e pela força física do trabalhador. O *valor* diário ou semanal da força de trabalho é completamente distinto do exercício diário ou semanal dessa força, do mesmo modo que a comida de que um cavalo necessita e o tempo durante o qual pode carregar o cavaleiro são completamente distintos. A quantidade de trabalho, pela qual o *valor* da força de trabalho do operário é limitado, de modo algum constitui um limite para a quantidade de trabalho que a sua força de trabalho está apta a fornecer. Tomemos o exemplo do nosso fiandeiro. Vimos que, para diariamente reproduzir a sua força de trabalho, ele tem diariamente de reproduzir um valor de 3 *Moedas*, o que fará trabalhando 6 horas por dia. Mas isso não o impede de trabalhar 10 ou 12 ou mais horas por dia. Mas, ao pagar o valor diário ou semanal da força de trabalho do fiandeiro, o capitalista adquiriu o direito de usar essa força de trabalho durante *todo o dia* ou *toda a semana*. Fá-lo-á, portanto, trabalhar, digamos, 12 horas por dia. Para *além* e acima das 6 horas requeridas para repor o seu salário, ou o valor da sua força de trabalho, terá, portanto, de trabalhar *mais 6 horas* – a que eu chamarei *horas de sobretrabalho* – sobretrabalho esse que se realizará ele próprio em uma *mais-valia* e em um *sobreproduto*. Se o nosso fiandeiro, por exemplo, com o seu trabalho diário de 6 horas, acrescentava um valor de 3 *Moedas* ao algodão, um valor que constituía o equivalente exato do seu salário, em 12 horas acrescentará um valor de 6 *Moedas* ao algodão e produzirá um *acréscimo proporcional de fio*. Como vendeu a sua força de trabalho ao capitalista, todo o valor ou produto criado por ele pertence ao capitalista, dono *pro tempore* da sua força de trabalho. Ao adiantar 3 *Moedas*, o capitalista realizará, portanto, um valor de 6 *Moedas* em que estão cristalizadas 6 horas de trabalho, porque, ao adiantar um valor em que estão cristalizadas 6 horas de trabalho, receberá em troca um valor em que estão cristalizadas 12 horas de trabalho. Ao repetir esse mesmo processo diariamente, o capitalista adiantará diariamente 3 *Moedas* e embolsará diariamente 6 *Moedas*, metade dos quais irá para pagar de novo salários e a outra metade constituirá a *mais-valia*, pela qual o capitalista não paga qualquer equivalente. É sobre essa espécie de troca entre capital e trabalho que a produção capitalista ou o sistema de salários está fundado, a qual tem constantemente de resultar em um reproduzir do operário como operário e do capitalista como capitalista.

A *taxa de mais-valia*, permanecendo as mesmas todas as outras circunstâncias, dependerá da proporção entre aquela parte do dia de trabalho necessário para reproduzir o valor da força de trabalho e o *sobretempo* ou o *sobretrabalho* realizado para o capitalista. Dependerá, portanto, da *razão em que o dia de trabalho for prolongado para além e acima daquele período*, durante o qual, trabalhando, o operário apenas reproduziria o valor da sua força de trabalho, ou reporia o seu salário.

IX
Valor do trabalho

Temos de voltar agora à expressão: *"valor ou preço do trabalho"*.
Vimos que, de fato, ele é apenas o valor da força de trabalho, medido pelos valores das mercadorias necessárias à sua manutenção. Mas uma vez que o operário recebe o seu salário *depois* do seu trabalho estar realizado e que sabe, além disso, que o que efetivamente dá ao capitalista é o seu trabalho, o valor ou preço da sua força de trabalho aparece-lhe necessariamente como o *preço* ou *valor do seu próprio trabalho*. Se o preço da sua força de trabalho é 3 *Moedas*, em que 6 horas de trabalho estão realizadas, e se trabalha 12 horas, necessariamente ele considera essas 3 *Moedas* como o valor ou preço de 12 horas de trabalho, apesar de essas 12 horas de trabalho se realizarem elas próprias em um valor de 6 *Moedas*. Decorre daqui uma dupla consequência:

— *Em primeiro lugar*: O *valor ou preço da força de trabalho* toma o semblante do *preço ou valor do próprio trabalho*, apesar de, estritamente falando, valor e preço do trabalho serem termos sem sentido.
— *Em segundo lugar*: Apesar de uma parte apenas do trabalho diário do operário ser *paga*, enquanto a outra parte *não é paga* e enquanto esse trabalho não pago ou sobretrabalho constitui exatamente o fundo a partir do qual a *mais-valia* ou *lucro* se forma, parece que o trabalho total foi trabalho pago.

Essa falsa aparência distingue o *trabalho assalariado* de outras formas *históricas* de trabalho. Na base do sistema de salários, até o trabalho *não pago* parece ser trabalho *pago*. Com o *escravo*, pelo contrário, até aquela parte do seu trabalho que é paga parece não ser paga. Claro que, para trabalhar, o escravo tem de viver, e uma parte do seu dia de trabalho vai para repor o valor do seu próprio sustento. Mas, como não há qualquer contrato firmado entre ele e o seu amo e não decorrem quaisquer atos de compra e venda entre as duas partes, todo o seu trabalho parece ser dado de graça.

Tome-se, por outro lado, o camponês servo tal como existia, poderia dizer, até ontem em todo o Leste da Europa. Esse camponês trabalhava, por exemplo, 3 dias para si no seu próprio campo ou no campo que lhe fora distribuído e nos 3 dias subsequentes realizava um trabalho compulsório e gratuito no domínio do seu senhor. Aqui, as partes paga e não paga do trabalho estavam, então, visivelmente separadas, separadas no tempo e no espaço; e os nossos liberais transbordavam de indignação moral ante a prepóstera ideia de fazer um homem trabalhar de graça.

Em matéria de fato, contudo, se um homem trabalhar 3 dias por semana para si no seu próprio campo e 3 dias de graça no domínio do seu senhor, ou se trabalhar na fábrica ou na oficina 6 horas por dia para si e 6 para o seu patrão, vem a dar ao mesmo, apesar de, no último caso, as porções paga e não paga de trabalho estarem inseparavelmente misturadas uma com a outra e a natureza de toda a transação estar completamente mascarada pela *intervenção de um contrato* e pela *paga* recebida no fim da semana. O trabalho gratuito parece ser voluntariamente dado, em um caso, e ser compulsório, no outro. Toda a diferença reside nisso.

Ao usar a expressão "*valor do trabalho*", usá-la-ei apenas como termo do calão popular para "*valor da força de trabalho*".

X
O lucro é obtido quando se vende a mercadoria "por" seu valor

Suponhamos que uma hora média de trabalho se realiza em um valor igual a 1/2 *Moeda* ou que 12 horas médias de trabalho se realizam em 6 *Moedas*. Suponhamos, além disso, que o valor do trabalho seja de 3 *Moedas* ou o produto do trabalho de 6 horas. Se, então, na matéria-prima, na maquinaria etc., gastos em uma mercadoria, estivessem realizadas 24 horas de trabalho médio, o seu valor montaria a 12 *Moedas*. Se, além disso, o operário empregado pelo capitalista acrescentasse 12 horas de trabalho àqueles meios de produção, essas 12 horas realizar-se-iam em um valor adicional de 6 *Moedas*. O *valor total do produto* montaria, portanto, a 36 horas de trabalho realizado e seria igual a 18 *Moedas*. Mas como o valor do trabalho, ou o salário pago ao operário, seria de apenas 3 *Moedas*, não teria sido pago pelo capitalista qualquer equivalente para as 6 horas de sobretrabalho feito pelo operário e realizado no valor da mercadoria. Ao vender essa mercadoria pelo seu valor por 18 *Moedas*, o capitalista realizaria, portanto, um valor de 3 *Moedas*, pelo qual não teria pago qualquer equivalente. Essas 3 *Moedas* constituiriam a *mais-valia* ou lucro embolsado por ele. O capitalista realizaria, por consequência, o lucro de 3 *Moedas*, não por vender a sua mercadoria por um preço *superior* e *acima* do seu valor, mas por vendê-la pelo seu *valor real*.

O valor de uma mercadoria é determinado pela *quantidade total de trabalho* nela contida. Mas parte dessa quantidade de trabalho é realizada em um valor para o qual foi pago um equivalente sob a forma de salário; outra parte é realizada em um valor pelo qual não foi pago *qualquer* equivalente. Parte do trabalho contido na mercadoria é trabalho *pago*; parte, é trabalho *não pago*. Portanto, ao vender a mercadoria *pelo seu valor*, isto é, como a cristalização da *quantidade total de trabalho* posto nela, o capitalista tem necessariamente de a vender com um lucro. Ele não vende apenas aquilo que lhe custou um equivalente, mas vende também o que nada lhe custou, apesar de ter custado trabalho ao seu operário. O custo da mercadoria para o capitalista e o seu custo real são coisas diferentes. Repito, portanto, que os lucros normais e médios são obtidos vendendo as mercadorias, não *acima*, mas pelos *seus valores reais*.

XI
As diversas partes em que se decompõe a mais-valia

À *mais-valia*, ou àquela parte do valor total da mercadoria na qual está realizado o *sobretrabalho* ou o *trabalho não pago* do operário, chamo *lucro*. Nem todo o lucro é embolsado pelo capitalista empregador. O monopólio da terra habilita o proprietário fundiário a tomar uma parte dessa *mais-valia*, sob o nome de *renda*, quer a terra seja usada para a agricultura, instalações ou estradas de ferro ou para qualquer outro fim produtivo. Por outro lado, precisamente o mesmo fato de a posse dos *instrumentos de trabalho* habilitar o capitalista empregador a produzir uma *mais-valia* ou, o que vem a dar ao mesmo, a *apropriar-se de um certo montante de trabalho não pago*, habilita o dono dos meios de trabalho, que empresta total ou parcialmente ao capitalista empregador – habilita, em uma palavra, o capitalista que empresta dinheiro a reclamar para si próprio, sob o nome de *juro*, outra parte dessa *mais-valia*, de tal modo que fica para o capitalista empregador *como tal* apenas aquilo a que se chama *lucro industrial ou comercial*.

Por quais leis se regula essa divisão do montante total da *mais-valia* entre essas três categorias de pessoas, é uma questão completamente estranha ao nosso assunto. Contudo, daquilo que foi afirmado resulta o seguinte.

Renda, juro e lucro industrial são apenas *diferentes nomes para diferentes partes da mais-valia* da mercadoria ou do *trabalho não pago encerrado nela e derivam igualmente dessa fonte, e apenas dessa fonte*. Não derivam da *terra* como tal ou do *capital* como tal, mas a terra e o capital habilitam os seus donos a obterem as suas partes respectivas da *mais-valia* extraída pelo capitalista empregador ao trabalhador. Para o próprio trabalhador é uma questão de importância secundária se essa *mais-valia* – o resultado do seu sobretrabalho ou do seu trabalho não pago – é embolsada totalmente pelo capitalista empregador ou se este último é obrigado a pagar porções dela, sob o nome de renda e juro, a terceiros. Suponhamos que o capitalista empregador use apenas o seu próprio capital e que seja o seu próprio senhorio (*landlord*); nesse caso, toda a *mais-valia* iria para o seu bolso.

É o capitalista empregador que imediatamente extrai do trabalhador essa *mais-valia*, qualquer que seja a parte dela que, em última instância, ele possa ser capaz de guardar para si próprio. Todo o sistema de salários e todo o presente sistema de produção giram, portanto, sobre essa relação entre o capitalista empregador e o trabalhador assalariado. Alguns dos cidadãos que tomaram parte no nosso debate não tinham, portanto, razão ao tentar atenuar as coisas e tratar essa fundamental relação entre o capitalista empregador e o operário como uma questão secundária, apesar de estarem corretos ao sustentar que, em dadas circunstâncias, um aumento de preços pode afetar em graus muito desiguais o capitalista empregador, o proprietário fundiário, o capitalista possuidor de dinheiro e, já agora, o coletor de impostos.

Outra consequência decorre daquilo que foi afirmado.

Aquela parte do valor da mercadoria que representa apenas o valor das matérias-primas, da maquinaria, em uma palavra, o valor dos meios de produção gastos, *não* forma qualquer *rendimento*, mas repõe *apenas capital*. Mas, afora isso, é falso que a outra parte do valor da mercadoria que *forma rendimento* – ou pode ser gasta sob a forma de salários, lucros, renda, juro – seja constituída pelo valor dos salários, pelo valor da renda, o valor dos lucros etc. Em primeira instância, descartar-nos-emos dos salários e trataremos apenas dos lucros industriais, do juro e da renda. Acabamos de ver que a mais-valia contida na mercadoria – ou aquela parte do seu valor em que está realizado *trabalho não pago* – se resolve ela própria em frações diferentes, que usam três nomes diferentes. Mas seria precisamente o reverso da verdade dizer que o seu valor é *composto* de ou *formado* pela *adição dos valores independentes desses três constituintes*.

Se 1 hora de trabalho se realiza em um valor de 1/2 *Moeda*, se o dia de trabalho do trabalhador compreende 12 horas, se metade deste tempo é trabalho não pago, aquele sobretrabalho acrescentará à mercadoria uma *mais-valia* de 3 *Moedas*, é um valor pelo qual não foi pago qualquer equivalente. Esta *mais-valia* de 3 *Moedas* constitui a *totalidade* (*whole*) do *fundo* que o capitalista empregador pode dividir, seja em que proporções for, com o proprietário fundiário e o emprestador de dinheiro. O valor dessas 3 *Moedas* constitui o limite do valor que têm de dividir entre eles. Mas não é o capitalista empregador que acrescenta ao valor da mercadoria um valor arbitrário para seu lucro, ao qual outro valor é acrescentado para o proprietário fundiário etc., de tal modo que a adição desses valores arbitrariamente fixados constituiria o valor total. Vedes, portanto, a falácia da noção popular que confunde a *decomposição de um dado valor* em três partes com a formação desse valor pela adição de três valores *independentes*, convertendo, assim, o valor total – de que a renda, o lucro e o juro derivam – em uma grandeza arbitrária.

Se o lucro total realizado por um capitalista for igual a $ 100, chamamos a essa soma, considerada como grandeza *absoluta*, o *montante do lucro*. Mas se calcularmos a razão que esses $ 100 mantêm com o capital adiantado, chamamos a essa grandeza *relativa taxa de lucro*. É evidente que essa taxa de lucro pode ser expressa de uma dupla maneira.

Suponhamos que $ 100 sejam o capital *adiantado em salários*. Se a *mais-valia* criada for também $ 100 – e isso mostrar-nos-ia que metade do dia de trabalho do trabalhador consiste em trabalho *não pago* – e se medirmos este lucro pelo valor do capital adiantado em salários, diríamos que a *taxa de lucro* montava a 100%, porque o valor adiantado seria $ 100 e o valor realizado seria $ 200.

Se, por outro, considerássemos não apenas o *capital adiantado em salários*, mas o *capital total* adiantado, digamos, por exemplo, $ 500, dos quais $ 400 representavam o valor das matérias-primas, maquinaria etc., diríamos que a *taxa de lucro* montava apenas a 20%, porque o lucro de $ 100 não seria senão uma quinta parte do capital *total* adiantado.

O primeiro modo de expressar a taxa de lucro é o único que nos mostra a real razão entre trabalho pago e não pago, o real grau da *exploitation*[21] (tereis de me permitir essa palavra francesa) *do trabalho*. O outro modo de expressão é o de uso corrente e, na verdade, é apropriado para certos fins. Em todo caso, é muito útil para ocultar o grau em que o capitalista extrai trabalho gratuito do operário.

Nas observações que ainda tenho para fazer, usarei a palavra *lucro* para o montante total da *mais-valia* extraída pelo capitalista, sem ter em

---

21. Exploração.

qualquer conta a divisão da *mais-valia* por diferentes partes, e, ao usar a expressão *taxa de lucro*, medirei sempre os lucros pelo valor do capital adiantado em salários.

XII
Relação geral entre lucros, salários e preços

Deduza-se do valor de uma mercadoria o valor que repõe o valor das matérias-primas e outros meios de produção usados nele, isto é, deduza-se o valor que representa o trabalho passado contido nela, e o que resta do seu valor resolver-se-á na quantidade de trabalho acrescentada pelo operário *ultimamente* empregado. Se aquele operário trabalha 12 horas por dia, se 12 horas de trabalho médio se cristalizam em um montante de ouro igual a 6 *Moedas*, esse valor adicional de 6 *Moedas* é o *único* valor que o seu trabalho terá criado. Esse dado valor, determinado pelo tempo do seu trabalho, é o único fundo do qual tanto ele como o capitalista têm de tirar as suas respectivas partes ou dividendos, o único valor a ser dividido em salários e lucros. É evidente que esse próprio valor não será alterado pelas proporções variáveis em que possa ser dividido entre as duas partes. Também nada mudará se, em vez de um operário, se puser toda a população trabalhadora, doze milhões de dias de trabalho, por exemplo, em vez de um.

Uma vez que o capitalista e o operário apenas têm para dividir esse valor limitado, isto é, o valor medido pelo trabalho total do operário, quanto mais um recebe, menos o outro receberá, e *vice-versa*. Sempre que é dada uma quantidade, uma parte dela aumentará, enquanto, inversamente, a outra decresce. Se os salários mudam, os lucros mudarão em uma direção oposta. Se os salários baixam, os lucros subirão, e, se os salários sobem, os lucros baixarão. Se o operário, na nossa primeira suposição, recebe 3 *Moedas*, valor igual à metade do que criou ou se todo o seu dia de trabalho consiste em metade de trabalho pago e metade de trabalho não pago, a *taxa de lucro* será de 100%, porque o capitalista também receberia 3 *Moedas*. Se o operário receber apenas 2 *Moedas* ou trabalhar apenas em um terço do dia todo para si, o capitalista receberá 4 *Moedas* e a taxa de lucro será de 200%. Se o operário receber 4 *Moedas*, o capitalista receberá apenas 2 *Moedas* e a taxa de lucro cairia para 50%, mas todas essas variações não afetarão o valor da mercadoria. Um aumento geral dos salários resultaria, portanto, em uma queda da taxa geral de lucro, mas não afetaria os valores.

Mas, apesar de os valores das mercadorias – que, em última instância, têm de regular os seus preços de mercado – serem exclusivamente determinados pelas quantidades totais de trabalho fixados nelas e não pela divisão dessa quantidade em trabalho pago e trabalho não pago, de modo algum se segue que os valores das mercadorias singulares, ou lotes de mercadorias, produzidas durante 12 horas, por exemplo, permanecerão constantes. O *número* ou massa de mercadorias produzidas em um dado tempo de trabalho, ou por uma dada quantidade de trabalho, depende da *força produtiva* do trabalho empregue e não da sua *extensão* ou comprimento. Com um (dado) grau de força produtiva de trabalho de fiação, por exemplo, um dia de trabalho de 12 horas pode produzir 12 quilos de fio, com um grau menor de força produtiva, (produzir-se-ão) apenas 2 quilos. Se, então, 12 horas de trabalho médio se realizassem no valor de 1/2 *Moeda*, em um caso os 12 quilos de fio custariam 6 *Moedas* e, no outro caso, os 2 quilos de fio custariam também 6 *Moedas*. Um quilo de fio custaria, portanto, 1/2 *Moeda*, em um caso, e 3 *Moedas*, no outro. Essa diferença de preço resultaria da diferença nas forças produtivas do trabalho empregado. Em 1 hora de trabalho produzir-se-ia 1 quilo de fio com a força produtiva maior, enquanto com a força produtiva menor 6 horas de trabalho se produziria 1 quilo de fio. O preço de 1 quilo de fio, em um caso, seria de 6 *Moedas*, apesar de os salários serem relativamente altos e a taxa de lucro baixa; no outro caso, será de apenas 3 *Moedas*, apesar de os salários serem baixos e a taxa de lucro alta. Isso seria assim porque o preço do quilo de fio é regulado pelo *montante total de trabalho aplicado nela* e não pela *divisão proporcional desse montante total em trabalho pago e trabalho não pago*. O fato que anteriormente mencionei de que trabalho de alto preço pode produzir mercadorias baratas e trabalho de baixo preço pode produzir mercadorias caras perde, portanto, a sua aparência paradoxal. É apenas a expressão da lei geral de que o valor de uma mercadoria é regulado pela quantidade de trabalho aplicado nela e que a quantidade de trabalho aplicado nela depende totalmente das forças produtivas do trabalho empregue e, portanto, variará com cada variação na profundidade do trabalho.

XIII
Principais tentativas para aumentar o salário ou para se opor à sua queda

Consideremos agora seriamente os principais casos em que se tenta um aumento de salários ou que se resiste a uma redução de salários.

1. Vimos que o *valor da força de trabalho* ou, em uma linguagem mais popular, o *valor do trabalho* é determinado pelo valor dos meios de subsistência ou quantidade de trabalho requerida para os produzir. Se, então, em um dado país, o valor dos meios de subsistência médios diários do trabalhador representarem 6 horas de trabalho expresso em 3 *Moedas*, o trabalhador teria de trabalhar 6 horas por dia para produzir um equivalente do seu sustento diário. Se todo o dia de trabalho fosse de 12 horas, o capitalista pagar-lhe-ia o valor do seu trabalho pagando-lhe 3 *Moedas*. Metade do dia de trabalho seria trabalho não pago, e a taxa de lucro montaria a 100%. Mas, suponhamos agora que, em consequência de um decréscimo de produtividade, fosse requerido mais trabalho para produzir, digamos, o mesmo montante de produtos agrícolas, de tal modo que o preço dos meios de subsistência médios diários subisse de 3 para 4 *Moedas*. Nesse caso, o *valor do trabalho* subiria um terço, ou 33,33%. Seriam requeridas 8 horas do dia de trabalho para produzir um equivalente do sustento diário do trabalhador, de acordo com o seu antigo nível de vida. O sobretrabalho baixaria, portanto, de 6 para 4 horas, e a taxa do lucro de 100 para 50%. Mas, ao insistir em um aumento de salários, o trabalhador insistiria apenas em obter o *valor acrescentado do seu trabalho*, como qualquer outro vendedor de uma mercadoria que, tendo aumentado os custos das suas mercadorias, tenta que lhe paguem o seu valor acrescentado. Se os salários não aumentassem, ou não aumentassem suficientemente, para compensar os valores acrescentados dos meios de subsistência, o preço do trabalho cairia abaixo do *valor do trabalho* e o nível de vida do trabalhador deteriorar-se-ia.

Mas, pode igualmente ter lugar uma mudança em uma direção oposta. Em virtude da produtividade acrescida do trabalho, o mesmo montante de meios de subsistência médios diários poderia cair de 3 para 2 *Moedas* ou serem requeridas apenas 4 horas do dia de trabalho, em vez de 6, para reproduzir um equivalente do valor dos meios de subsistência diários. O operário poderia agora comprar com 2 *Moedas* tantos meios de subsistência quantos os que antes comprava com 3 *Moedas*. Na verdade, o *valor do trabalho* teria baixado, mas esse valor diminuído teria ao seu alcance o mesmo montante de mercadorias do que antes. Então, os lucros subiriam de 3 para 4 *Moedas*, e a taxa do lucro de 100% para 200%. Apesar do nível de vida absoluto do trabalhador ter permanecido o mesmo, o seu salário *relativo* – e, com ele, a sua *posição social relativa*, comparada com a do capitalista – teriam sido baixados. Se o operário tivesse resistido a essa redução do salário relativo, teria apenas tentado obter alguma parte nas forças produtivas acrescidas do seu próprio trabalho e manter a sua anterior posição relativa na escala social. Por conseguinte, depois da abolição das Leis dos Cereais, e em flagrante violação das garantias mais solenes dadas durante a agitação contra a essa lei, os donos das fábricas inglesas reduziram, em geral, os salários em 10%. A resistência dos operários, a princípio, foi frustrada, mas, em consequência de circunstâncias em que agora não posso entrar, a perda de 10% foi posteriormente reconquistada.

2. Os *valores* dos meios de subsistência e, consequentemente, o *valor do trabalho* podem permanecer os mesmos, mas pode ocorrer uma mudança nos *preços em dinheiro*, em consequência de uma mudança prévia no *valor do dinheiro*.

Com a descoberta de minas mais ricas etc., duas onças de ouro podem, por exemplo, não custar mais trabalho a produzir do que anteriormente uma onça custava. O *valor* do ouro depreciar-se-ia, então, em metade, ou 50%. Como os *valores* de todas as outras mercadorias seriam, então, expressos em *preços em dinheiro duplos* dos seus anteriores, também (aconteceria) o mesmo com o *valor do trabalho*. As 12 horas de trabalho, expressas anteriormente em 6 *Moedas*, seriam agora expressas em 12 *Moedas*. Se o salário do operário permanecesse em 3 *Moedas*, em vez de aumentar para 6 *Moedas*, o *preço em dinheiro do seu trabalho* seria apenas igual à metade do valor do seu trabalho e o seu nível de vida deteriorar-se-ia assustadoramente. Isso aconteceria também, em um grau maior ou menor, se os salários aumentassem, mas não proporcionalmente à queda do valor do ouro. Em um caso desses, nada teria mudado, nem nas forças produtivas do trabalho, nem na oferta e na procura, nem nos valores. Nada poderia ter mudado, exceto os *nomes* em dinheiro daqueles valores. Dizer que em um caso desses o operário não deve insistir em um aumento proporcional do salário, é dizer que ele tem de contentar-se em ser pago com nomes em vez de com coisas. Toda a história passada prova que, sempre que uma tal depreciação do dinheiro ocorre, os capitalistas estão alertas para agarrar essa oportunidade de defraudar os operários. Uma muito ampla escola de economistas políticos afirma que, em consequência das novas descobertas de terras auríferas, da melhor laboração das minas de prata e da oferta mais barata de mercúrio, o valor dos metais preciosos novamente se depreciou. Isso explicaria as tentativas gerais e simultâneas para um aumento de salários no Continente.

3. Supusemos até agora que o *dia de trabalho* tinha dados limites. Contudo, o dia de trabalho, por si próprio, não tem limites constantes. É tendência constante do capital estendê-lo até à sua máxima duração fisicamente possível, porque serão acrescidos, no mesmo grau, o sobretrabalho e, consequentemente, o lucro que daí resulta. Quanto mais o capital conseguir prolongar o dia de trabalho, maior será o montante de trabalho de outrem de que se apropriará. Durante o século XVII e mesmo durante os primeiros dois terços do século XVIII, um dia de trabalho de 10 horas era o dia de trabalho normal em toda a Inglaterra. Durante a guerra antijacobina, que foi, de fato, uma guerra empreendida pelos barões britânicos contra as massas trabalhadoras britânicas,[22] o capital celebrou as suas bacanais e prolongou o dia de trabalho de 10 para 12, 14, 18 horas. Malthus, homem de modo algum suspeito de sentimentalismo piegas, declarou, em um panfleto, publicado por volta de 1815, que, se uma coisa desse tipo continuasse, a vida da nação

---

22. Trata-se das guerras que a Inglaterra empreendeu contra a França durante a revolução burguesa francesa dos finais do século XVIII. Durante essas guerras o governo britânico fez reinar no país cruel regime de terror dirigido contra as massas trabalhadoras. Durante esse período foram esmagados vários levantamentos populares e promulgadas leis proibindo as uniões de operários.

seria atacada na sua própria fonte.[23] Alguns anos antes da introdução geral da maquinaria recentemente inventada, em 1765, apareceu na Inglaterra um panfleto com o título *An essay on trade*. O autor anônimo, inimigo declarado das classes trabalhadoras, declama sobre a necessidade de expandir os limites do dia de trabalho. Entre outros meios para atingir esse fim, propõe (a criação de) *working houses*,[24] que, diz ele, deveriam ser "Casas de Terror". E qual é a extensão do dia de trabalho que ele prescreve para essas "Casas de Terror"? Seria de *12 horas*, precisamente o mesmo tempo que, em 1832, foi declarado por capitalistas, economistas políticos e ministros ser não apenas o tempo de trabalho existente, mas o tempo de trabalho necessário para uma criança com menos de doze anos.

Ao vender a sua força de trabalho – e tem de o fazer no sistema presente –, o operário concede ao capitalista o consumo dessa força, mas dentro de certos limites racionais. Vende a sua força de trabalho a fim de a manter, independentemente do seu natural uso e desgaste, mas não para a destruir. Ao vender a sua força de trabalho pelo seu valor diário ou semanal, subentende-se que em um dia ou em uma semana essa força de trabalho não será submetida ao uso ou desgaste de dois dias ou duas semanas. Tomemos uma máquina no valor de $ 1.000. Se se desgastar em 10 anos adicionará ao valor das mercadorias para cuja produção contribui $ 100 por ano. Se se desgastar em 5 anos, adicionará $ 200 por ano, ou o valor do seu uso e desgaste anual está na razão inversa do tempo durante o qual é consumida. Mas isso distingue o operário da máquina. A maquinaria não se desgasta exatamente na mesma razão em que é usada. O homem, pelo contrário, decai em uma razão maior do que seria visível a partir da mera adição numérica de trabalho.

Nas suas tentativas para reduzir o dia de trabalho às suas anteriores dimensões racionais ou, quando não podem impor a fixação legal de um dia de trabalho normal, (nas suas tentativas) para refrear o excesso de trabalho com um aumento de salários, um aumento não apenas na proporção do tempo extra extorquido, mas em uma proporção maior,

---

23. Marx refere-se aqui ao panfleto de Malthus intitulado *An Inquiry into the Nature and Progress of Rent, and the Principles by Which It Is Regulated*, Londres, 1815.
24. As *casas de trabalho (working houses)* foram estabelecidas na Inglaterra no século XVII. Segundo a Lei dos Pobres, adotada em 1834, as *casas de trabalho* tornaram-se a única forma de ajuda aos indigentes; distinguiam-se pelo regime disciplinar, próprio dos trabalhos forçados, sendo conhecidas entre o povo como "bastilhas para os pobres".

os operários cumprem apenas um dever para consigo próprios e para com a sua raça. Apenas põem limites às usurpações tirânicas do capital. O tempo é o espaço (*room*) do desenvolvimento humano. Um homem que não tem tempo livre de que disponha, (um homem) cuja vida inteira – afora as interrupções meramente físicas pelo sono, refeições etc. – esteja absorvida pelo seu trabalho para o capitalista, é menos do que uma besta de carga. É uma mera máquina de produzir riqueza alheia, derreada no corpo e embrutecida no espírito. E, contudo, toda a história da indústria moderna mostra que o capital, se não for refreado, trabalhará sem descanso e sem compaixão para reduzir toda a classe operária ao estado extremo da degradação.

Ao prolongar o dia de trabalho, o capitalista pode *pagar salários mais altos* e, todavia, baixar o *valor do trabalho*, se o aumento de salários não corresponder ao montante maior de trabalho extorquido e à decadência mais rápida da força de trabalho causada por esse fato. Isso pode ser feito de outra maneira. Os nossos estatísticos da classe média dir-nos-ão, por exemplo, que os salários médios das famílias fabris subiram no Lancashire. Esquecem que, em vez do trabalho do homem, do chefe da família, a mulher e talvez três ou quatro filhos são agora lançados sob as rodas do Jaganata[25] do capital e que o aumento do salário total não corresponde ao sobretrabalho total extraído à família.

Mesmo com dados limites do dia de trabalho, tal como existem agora em todos os ramos da indústria sujeitos às leis fabris, um aumento de salários pode tornar-se necessário, que mais não seja para manter o antigo nível do *valor do trabalho*. Aumentando a *intensidade* do trabalho, um homem pode ser levado a gastar tanta força vital em uma hora quanto anteriormente gastava em duas. Até certo ponto, isso efetuou-se nos negócios, que estão ao abrigo das leis fabris, pela aceleração da maquinaria e pelo número maior de máquinas em funcionamento sobre que um único indivíduo tem agora de superinterder. Se o acréscimo na intensidade do trabalho ou a massa de trabalho gasta em uma hora

---

25. Jaganata. Uma das encarnações de Vixnu, divindade hindu. Os sacerdotes do templo de Jaganata tiravam grandes proventos das peregrinações maciças, encorajando a prostituição das *bayaderes*, mulheres que viviam no templo. O culto de Jaganata caracterizava-se por um mural pleno de pompa e também por um fanatismo religioso extremo, que se manifestava em suicídio e mutilações voluntárias dos crentes. Nos dias das grandes festas religiosas, alguns fiéis chegavam mesmo a lançar-se para debaixo das rodas do carro que transportava a estátua de Vixnu-Jaganata.

mantém alguma proporção justa com o decréscimo na extensão do dia de trabalho, o operário ainda será o vencedor. Se esse limite é ultrapassado, ele perde de uma forma o que havia ganho de outra e 10 horas de trabalho podem tornar-se, então, tão ruinosas como anteriormente eram 12 horas. Ao refrear essa tendência do capital, lutando por um aumento dos salários correspondente à intensidade crescente do trabalho, o operário apenas resiste à depreciação do seu trabalho e à deterioração da sua raça.

4. Todos sabeis que, por razões que não tenho agora que explicar, a produção capitalista se movimenta através de certos ciclos periódicos. Movimenta-se através de um estado de calma, de animação crescente, de prosperidade, de supernegócio, de crise e de estagnação. Os preços de mercado das mercadorias e as taxas de mercado do lucro seguem essas fases, ora descendo abaixo das suas médias, ora subindo acima delas. Se consideramos o ciclo total, verificamos que um desvio do preço de mercado está a ser compensado por outro e que, tomando a média do ciclo, os preços de mercado das mercadorias são regulados pelos seus valores. Bem! Durante a fase de baixa dos preços de mercado e a de crise e estagnação, o operário, se não for completamente posto no desemprego, está certo de que terá o seu salário reduzido. Para não ser defraudado, terá, mesmo com semelhante queda dos preços de mercado, de debater com o capitalista em que grau proporcional é que se tornou necessária uma queda do salário. Se, durante as fases de prosperidade, quando se tiram lucros extras, ele não tivesse batalhado por um aumento de salários, tomando a média de um ciclo industrial, ele nem sequer receberia o seu *salário médio* ou o *valor* do seu *trabalho*. É o extremo cúmulo da loucura exigir que, enquanto o seu salário é necessariamente afetado pelas fases adversas do ciclo, ele privasse a si próprio de compensação durante as fases prósperas do ciclo. Em geral os *valores* de todas as mercadorias são apenas realizados pela compensação dos preços de mercado continuamente em mudança, que deriva das contínuas flutuações da procura e da oferta. Na base do sistema presente, o trabalho é apenas uma mercadoria como as outras. Tem, portanto, de passar pelas mesmas flutuações para alcançar um preço médio correspondente ao seu valor. Seria absurdo tratá-lo, por um lado, como uma mercadoria e querer, por outro lado, eximi-lo às leis que regulam os preços das mercadorias.

O escravo recebe um montante de sustento permanente e fixo; o trabalhador assalariado não. Tem de tentar obter um aumento de salário, em uma circunstância, que mais não seja apenas para compensar uma baixa de salário, na outra. Se se resignasse a aceitar a vontade, os ditames do capitalista como uma lei econômica permanente, partilharia todas as misérias do escravo, sem a segurança do escravo.

5. Em todos os casos que considerei – e eles são noventa e nove em cem – haveis visto que uma luta por um aumento de salários apenas segue na esteira de mudanças *prévias* e é o resultado necessário de mudanças prévias no montante da produção, nas forças produtivas de trabalho, no valor do trabalho, no valor do dinheiro, na extensão ou na intensidade do trabalho extraído, nas flutuações dos preços de mercado, dependentes das flutuações na procura e oferta e em conformidade com as diferentes fases do ciclo industrial; em uma palavra, são reações do trabalho contra a ação prévia do capital. Ao tratar a luta por um aumento de salários independentemente de todas essas circunstâncias, ao olhar apenas para a mudança de salários e ao passar por cima de todas as outras mudanças de que deles emana, parte-se de uma premissa falsa a fim de chegar a conclusões falsas.

XIV
Luta entre o capital e o trabalho e seus resultados

1. Tendo mostrado que a resistência periódica por parte dos operários contra uma redução de salários e as suas tentativas periódicas de obter um aumento de salários são inseparáveis do sistema de salários e ditados pelo preciso fato de o trabalho estar assimilado às mercadorias e, por conseguinte, sujeito às leis que regulam o movimento geral dos preços; tendo, além disso, mostrado que um aumento geral de salários resultaria em uma queda na taxa geral de lucro, mas não afetaria os preços médios das mercadorias, ou os seus valores, põe-se agora finalmente a questão de (saber) até onde é que, nessa luta incessante entre o capital e o trabalho, este último é capaz de (*is likely*) ter êxito.

Poderia responder com uma generalização e dizer que, tal como com todas as outras mercadorias, também com o trabalho, o seu *preço de mercado*, a longo prazo, se adaptará ao seu valor; que, por conseguinte, apesar de todos os altos e baixos e faça o que fizer, o operário só receberá, em média, o valor do seu trabalho, que se resolve no valor da sua força de trabalho, o qual é determinado pelo valor dos meios de subsistência requeridos para o seu sustento e a sua reprodução, o qual valor dos meios de subsistência é finalmente regulado pela quantidade de trabalho necessário para os produzir.

Mas há alguns aspectos peculiares que distinguem o *valor da força de trabalho* ou o *valor do trabalho* dos valores de todas as outras mercadorias. O valor da força de trabalho é formado por dois elementos – um, meramente físico, o outro, histórico ou social. O seu *limite último* é determinado pelo elemento *físico*, o mesmo é dizer: para se manter e reproduzir, para perpetuar a sua existência física, a classe operária tem de receber os meios de subsistência absolutamente indispensáveis para viver e se multiplicar. O *valor* desses meios de subsistência indispensáveis forma, por conseguinte, o limite último do *valor do trabalho*. Por outro lado, a extensão do dia de trabalho está também limitada pela capacidade física do trabalhador. Se a extensão diária das suas forças vitais excede um certo grau, não pode ser exercida de novo, dia após dia. No entanto, tal como eu disse, esse limite é muito elástico. Uma sucessão rápida de gerações sem saúde e de vida curta manterá o mercado de trabalho tão bem abastecido como uma série de gerações vigorosas e de vida longa.

Para além desse elemento meramente físico, o valor do trabalho é, em cada país, determinado por um *nível de vida* tradicional. Não é a mera vida física, mas a satisfação de certas necessidades que derivam das condições sociais em que as pessoas estão colocadas e são criadas. O nível de vida inglês pode ser reduzido ao nível irlandês; o nível de vida de um camponês alemão ao de um camponês livoniano. Pode saber-se do papel importante que a tradição histórica e o hábito social desempenham a esse respeito pela obra do Sr. Thornton sobre *over-population*,[26] em que ele mostra que os salários médios em diferentes distritos agrícolas da Inglaterra ainda nos nossos dias diferem mais ou menos consoante às circunstâncias mais ou menos favoráveis em que os distritos saíram do estado de servidão.

Esse elemento histórico ou social que entra no valor do trabalho pode ser alargado ou contraído ou inteiramente extinto, de tal modo que não permanece senão o *limite físico*. Durante o tempo de guerra antijacobina, empreendida – como o incorrigível devorador de impostos e sinecurista, o velho George Rose, costumava dizer – para salvar as consolações da nossa santa religião das incursões dos infiéis franceses, os honestos lavradores ingleses, tratados com tanta ternura em um dos nossos capítulos anteriores, reduziram os salários dos trabalhadores agrícolas mesmo abaixo desse mero *mínimo físico*, mas compensaram com as Leis dos Pobres[27] o restante necessário para a perpetuação física da raça. Essa foi uma maneira gloriosa de converter o trabalhador assalariado em escravo e o orgulhoso lavrador (*yeoman*) de Skakespeare em um indigente assistido (*pauper*).

---

26. Cf. William Thomas Thornton, *Over-population and its remedy, or, an inquiry into the extent and causes of the distress prevailing among the labouring classes of the british islands, and into the means of remedying it*, Londres, 1846. (N.E.)
27. De acordo com as *Leis dos Pobres*, existentes na Inglaterra desde o século XVI, cada paróquia tinha de pagar um imposto especial em benefício dos pobres. Os paroquianos que não pudessem prover ao seu sustento e de suas famílias recebiam uma subvenção através da caixa de ajuda aos pobres.

Comparando os salários-padrão ou os valores-padrão do trabalho em diferentes países e comparando-os em diferentes épocas históricas do mesmo país, verificar-se-á que o próprio *valor do trabalho* não é uma grandeza fixa, mas variável, mesmo supondo que os valores de todas as outras mercadorias permaneçam constantes.

Uma comparação semelhante provaria que não só as *taxas de mercado* do lucro mudam como também as suas taxas *médias*.

Mas, quanto aos *lucros*, não existe qualquer lei que determine o seu *mínimo*. Não podemos dizer qual é o limite último do seu decréscimo. E por que não podemos fixar esse limite? Porque, apesar de podermos fixar o *mínimo* dos salários, não podemos fixar o seu *máximo*. Apenas podemos dizer que, sendo dados os limites do dia de trabalho, o *máximo* de lucro corresponde ao *mínimo físico de salários*, e que, sendo dados os salários, o *máximo de lucro* corresponde a um prolongamento tão grande do dia de trabalho quanto o compatível com as forças do trabalhador. O máximo de lucro está, portanto, limitado pelo mínimo físico de salário e pelo máximo físico do dia de trabalho. É evidente que entre os dois limites desta *taxa máxima de lucro* é possível uma imensa escala de variações. A fixação do seu grau efetivo é estabelecida apenas pela contínua luta entre capital e trabalho, tendendo o capitalista a, constantemente, reduzir os salários ao seu mínimo físico e a estender o dia de trabalho ao seu máximo físico, enquanto o operário constantemente pressiona na direção oposta.

O problema resolve-se na questão das forças respectivas dos combatentes.

2. Quanto à *limitação do dia de trabalho* – na Inglaterra, como em todos os outros países –, nunca foi estabelecida, a não ser por *interferência legislativa*. Sem a contínua pressão, a partir de fora, dos operários, essa interferência nunca teria tido lugar. Mas, em todo o caso, o resultado não havia de ser alcançado por acordo privado dos operários com os capitalistas. Essa própria necessidade de uma *ação política geral* fornece a prova de que, na sua ação meramente econômica, o capital é o lado mais forte.

Quanto aos *limites do valor do trabalho*, o seu efetivo estabelecimento sempre depende da oferta e da procura, isto é, da procura de trabalho por parte do capital e da oferta de trabalho pelos operários. Nos países coloniais, a lei da oferta e da procura favorece o operário. Daí o nível relativamente elevado dos salários nos Estados Unidos.

O capital bem pode aí esforçar-se ao máximo. Não pode impedir o mercado de trabalho de ser continuamente esvaziado pela conversão contínua de trabalhadores assalariados em camponeses independentes que sustentam a si próprios. A situação de trabalhador assalariado não é, para uma parte muito grande do povo americano, senão um estado transitório (*probational*) que está segura de abandonar em um período mais longo ou mais curto. Para remediar esse estado de coisas colonial, o paternal governo britânico aceitou durante algum tempo aquilo a que se chama a moderna teoria da colonização, que consiste em pôr um preço artificial elevado à terra colonial, a fim de impedir a conversão demasiado rápida do trabalhador assalariado em camponês independente.

Mas voltemos agora aos velhos países civilizados, nos quais o capital domina sobre todo o processo de produção. Tomemos, por exemplo, o aumento dos salários agrícolas na Inglaterra de 1849 a 1859. Qual foi a sua consequência? Os rendeiros não puderam elevar – como o nosso amigo Weston os teria aconselhado – o valor do trigo, nem sequer os seus preços de mercado. Tiveram, pelo contrário, de se submeter à sua queda. Mas, durante esses onze anos, introduziram maquinaria de toda a espécie, adotaram métodos mais científicos, converteram parte da terra arável em pastagens, aumentaram a dimensão das propriedades e, com isso, a escala da produção, e diminuindo, por esses e outros processos, a procura de trabalho, aumentando a sua força produtiva, tornaram a população agrícola de novo relativamente excedente. Esse é o método geral pelo qual, nos velhos países povoados, tem lugar uma reação mais rápida ou mais lenta do capital contra um aumento de salários. Ricardo observou com justeza que a maquinaria está em concorrência constante com o trabalho e, frequentemente, só pode ser introduzida quando o preço do trabalho alcançou um certo nível,[28] mas a aplicação de maquinaria não é senão um dos muitos métodos para aumentar as forças produtivas de trabalho. Precisamente esse mesmo desenvolvimento que torna o trabalho comum relativamente excedente, simplifica, por outro lado, o trabalho qualificado e, portanto, deprecia-o.

A mesma lei prevalece de uma outra maneira. Com o desenvolvimento das forças produtivas de trabalho, a acumulação do capital será acelerada, mesmo apesar da taxa relativamente elevada dos salários.

---

28. David Ricardo. *On the principles of political economy and taxation*. Londres, 1821, p. 479.

Daqui pode inferir-se – como Adam Smith, naqueles tempos em que a indústria moderna estava ainda na sua infância, inferiu – que a acumulação acelerada de capital tem de fazer pender a balança a favor do operário, ao assegurar uma procura crescente do seu trabalho. Partindo desse mesmo ponto de vista, muitos escritores contemporâneos se admiraram de que, tendo o capital inglês crescido nos últimos vinte anos de um modo muito mais rápido do que a população inglesa, os salários não tivessem sido mais aumentados. Mas, em simultâneo com o progresso da acumulação, tem lugar uma *mudança progressiva* na *composição do capital*. Aquela parte do capital total que consiste em capital fixo, maquinaria, matérias-primas, meios de produção sob todas as formas possíveis, aumenta progressivamente em comparação com a outra parte do capital, que é usado em salários ou na compra de trabalho. Esta lei foi formulada de um modo mais ou menos rigoroso pelo Sr. Barton, Ricardo, Sismondi, pelo Professor Richard Jones, o Professor Ramsay, Cherbuliez e outros.

Se a proporção desses dois elementos do capital foi originariamente de um para um, tornar-se-á, com o progresso da indústria, de cinco para um, e assim sucessivamente. Se, de um capital total de 600, 300 forem usados em instrumentos, matérias-primas etc., e 300 em salários, o capital total só precisa ser duplicado para criar uma procura de 600 operários, em vez de 300. Mas, se de um capital de 600, 500 forem usados em maquinaria, materiais etc., e só 100 em salários, o mesmo capital tem de aumentar de 600 para 3.600, a fim de criar uma procura de 600 operários em vez de 300. No progresso da indústria, a procura de trabalho não acompanha, por conseguinte, o passo da acumulação de capital. Aumentará ainda, mas aumentará em uma razão constantemente decrescente em comparação com o aumento do capital.

Estas poucas indicações serão suficientes para mostrar que o próprio desenvolvimento da indústria moderna tem progressivamente de fazer pender a balança a favor do capitalista contra o operário e que, consequentemente, a tendência geral da produção capitalista não é elevar, mas afundar o nível médio dos salários ou empurrar o *valor do trabalho* mais ou menos para o seu *limite mínimo*. Sendo esta a tendência das *coisas* neste sistema, quererá isto dizer que a classe operária deverá renunciar à sua resistência contra as investidas do capital e abandonar as suas tentativas de tirar o melhor proveito das oportunidades ocasionais para a sua melhoria temporária? Se o fizesse, seria degradada a uma massa nivelada de miseráveis domesticados e sem salvação. Penso ter mostrado que as suas lutas pelo nível de salários são incidentes inseparáveis de todo o sistema de salários, que em 99 de 100 casos os seus esforços por elevar os salários são apenas esforços para manter o valor dado do trabalho e que a necessidade de debater o seu preço com o capitalista é inerente à sua condição de terem de se vender eles próprios como mercadorias. Cedendo covardemente no seu conflito de todos os dias com o capital, certamente que se desqualificariam para o empreendimento de qualquer movimento mais amplo.

Ao mesmo tempo, e completamente à parte da servidão geral envolvida no sistema de salários, a classe operária não deverá exagerar para si própria a eficácia última (*the ultimate working*) destas lutas de todos os dias.

Não deverá esquecer que está a lutar contra seus efeitos, mas não com as causas desses efeitos; que está a retardar o movimento descendente, mas não a mudar a sua direção; que está a aplicar paliativos, mas não a curar a doença. Por conseguinte, não deverá estar exclusivamente absorvida nestas inevitáveis lutas de guerrilha que incessantemente derivam das investidas sem fim do capital ou das mudanças do mercado. Deverá compreender que, (juntamente) com todas as misérias que lhe impõe, o sistema presente engendra simultaneamente as *condições materiais* e as *formas sociais* necessárias para uma reconstrução econômica da sociedade. Em vez do *motto conservador*: "Um salário diário justo para um trabalho diário justo!", deverá inscrever na sua bandeira a palavra de ordem *revolucionária*: "Abolição do sistema de salários!".

Depois desta exposição muito longa, e temo que maçante, em que fui obrigado a entrar para fazer algum jus ao assunto, concluirei propondo as seguintes resoluções:

— *Em primeiro lugar*: Um aumento geral na taxa dos salários resultaria em uma queda da taxa geral do lucro, mas, em termos gerais, não afetaria os preços das mercadorias.
— *Em segundo lugar*: A tendência geral da produção capitalista não é para elevar, mas para afundar o nível médio dos salários.
— *Em terceiro lugar*: Os sindicatos (*trade-unions*) funcionam bem como centros de resistência contra as investidas do capital. Fra-

cassam parcialmente por um uso não judicioso do seu poder. Fracassam geralmente por se limitarem a uma guerra de guerrilha contra os efeitos do sistema existente, em vez de simultaneamente tentarem mudá-lo, em vez de usarem as suas forças organizadas como uma alavanca para a emancipação final da classe operária, isto é, para a abolição última do sistema de salários.

Este livro foi impresso pela Gráfica Grafilar
em fonte Minion Pro sobre papel Pólen Bold 90 g/m²
para a Edipro no outono de 2023.